Uwe Jean Heuser

Kapitalismus inklusive

Uwe Jean Heuser

KAPITALISMUS INKLUSIVE

**So können wir den Kampf
gegen die Populisten gewinnen**

Bibliografische Information der Deutschen Nationalbibliothek

Die Deutsche Nationalbibliothek verzeichnet diese Publikation in der Deutschen Nationalbibliografie; detaillierte bibliografische Daten sind im Internet unter http://dnb.d-nb.de abrufbar.

© Edition Körber, Hamburg 2017

Lektorat: Boris Heczko
Umschlag: Groothuis, www.groothuis.de
Herstellung: Das Herstellungsbüro, Hamburg|
buch-herstellungsbuero.de
Druck und Bindung: CPI – Clausen & Bosse, Leck
Printed in Germany

ISBN 978-3-89684-259-6

www.edition-koerber.de

Für Sigrid Heuser, meine Mutter

Inhalt

Einleitung

Im November 1997, fast am Ende des 20. Jahrhunderts, blickte Ralf Dahrendorf nach vorne. Der liberale Soziologe, der einst die London School of Economics leitete, zeigte sich acht Jahre nach dem Fall der Berliner Mauer merkwürdig skeptisch. Die Globalisierung stärke die Konkurrenz und schwäche das Gemeinschaftsgefühl, erklärte Dahrendorf. Er spürte, dass die Demokratie unter Druck gerät, wenn »der Weltmarkt die Teilhabe-Suchenden frisst und die, die Anteile haben, ungeschoren lässt«. Mit anderen Worten: Arbeiter und Angestellte leiden, Aktionäre nicht.

Keine Gesellschaft könne es sich ungestraft leisten, so viele ihrer Mitglieder einfach auszuschließen, fuhr der gebürtige Hamburger mit britischem Adelstitel fort. Nicht nur dass die Autoritären die Unzufriedenheit nutzen könnten, um an die Macht zu gelangen: Nein, sie könnten sich auch viel länger an der Macht halten als Diktatoren. Und dann rief Ralf Dahrendorf eine Warnung in die Jahrtausendwende hinein: »Ein Jahrhundert des Autoritarismus ist keineswegs die unwahrscheinlichste Prognose für das 21. Jahrhundert.«

Kaum jemand nahm sich damals, als es euphorisch auf das Jahr 2000 zuging, diese Worte zu Herzen. Doch Dahrendorfs Warnung hallt heute nach. Fast zwei Jahrzehnte überschlug sich der Kapitalismus danach noch, gesellschaftliche Spaltungen wurden zugedeckt mit frischem Geld und guten Worten. Nun nutzen die Populisten den Zorn darüber und stellen die liberale Demokratie und damit unsere Freiheit infrage.

Musste es wirklich so weit kommen? Hätte nicht wenigstens der Selbsterhaltungstrieb die Mächtigen dazu bringen können, den Kapitalismus zurechtzurücken? Mussten sie wirklich warten, bis die Populisten auf der Bildfläche erschienen?

Es sind gefährliche Gestalten, die sich da zur Wahl stellen. Sie wollen mit einer Welle der Wut Europa und den internationalen Konsens insgesamt zerstören. Die Menschen daheim, denen sie angeblich helfen wollen, würden von ihnen zum Mob reduziert, erklärt der französische Philosoph Bernard-Henri Lévy. Angst ist ihr Spiel, immer wird ein anderer gefunden, der angeblich schuld ist. Das höhlt die Demokratie aus, deren Repräsentanten ja nicht einfach dem aktuellen Volkswillen oder dem Trend in sozialen Netzwerken folgen sollen, sondern überlegen und diskutieren, bevor sie entscheiden.

Im ersten Halbjahr 2017 verloren die Le Pens und Wilders dieser Welt einige Wahlen, und die Demokraten

Europas fühlten sich wieder obenauf. Aber die große Herausforderung hat die liberale Gesellschaft damit noch keineswegs bestanden. Das historische Ringen, das erst möglich wurde durch die Krise des Kapitalismus, geht weiter. Die Menschen, die sich als Opfer von Weltmärkten und Migration sehen, gewinnen den Eindruck, dass sie die Kontrolle über ihr Leben verloren haben. Sie wollen sie, so oder so, zurück.

Die Finanzkrise und die große Bankenrettungsarie danach, die Eurokrise und die von der Notenbank ausgelöste Geldflut, die Ungleichheit und die Risse in der Gesellschaft, die Flüchtlingswelle und die Unfähigkeit Europas, mit ihr umzugehen – all das nährte die Zweifel am System und seiner Fairness. Die Menschen wollen wieder darauf vertrauen können, dass der Kapitalismus nicht bloß einem Teil der Bürger in die Hände spielt.

Dieses Buch fragt, wie wir die Kurve kriegen. Und es sagt: Wir müssen den Kapitalismus neu fassen, ihn wieder zur Basis für die freie Gesellschaft machen. Anzubieten hat es dazu nichts Fertiges, sondern eine Entdeckungsreise ins Grenzland von Wirtschaft und Gesellschaft, Mensch und System.

Der erste Teil erklärt, wie der Kapitalismus unter Druck gerät – und sich selbst unter Druck setzt.

Kapitel eins beschreibt die große Herausforderung und die entscheidende Rolle der Wirtschaft dabei. Ohne eine Wirtschaft, die Spaltung überwindet, statt sie zu verstärken, fehlt der liberalen Demokratie die Grundlage.

Kapitel zwei verteidigt die ökonomische Vernunft. Globalisierung und Technisierung sind die falschen Feinde, weil sie Wohlstand erzeugen und nicht zerstören. Die Aufgabe ist vielmehr, eine Ordnung zu errichten, die allen eine Chance auf diesen Wohlstand gibt.

Kapitel drei befasst sich mit der immer lauter werdenden Forderung, die Verlierer der Globalisierung doch bitte zu entschädigen, und zeigt: Diese Reaktion greift zu kurz. Wir brauchen einen moderneren Kapitalismus für alle.

Im zweiten Teil geht es um Reich und Arm, Stadt und Land und neue Spaltlinien in der Gesellschaft.

Kapitel eins handelt vom großen Verteilungsstreit. Die Wahrheit für Deutschland ist: Die Einkommensungleichheit ist im Aufschwung nicht gewachsen, wohl aber die gesellschaftliche Spaltung. Alle Industrieländer lügen sich heute in die Tasche, wenn sie das für leistungsgerecht halten. Linke und rechte Demokraten hängen Zerrbildern der Realität an.

Kapitel zwei fragt, wo die Spaltung wirklich herkommt – und gibt eine beunruhigende Antwort: Konzentration! Die größten und teuersten Unternehmen vereinen Tag für Tag mehr Macht auf sich. Doch innovative Staaten lassen sich das nicht gefallen und beweisen Erfindungsreichtum.

Kapitel drei zeigt weitere Risse in der Gesellschaft auf, zwischen Stadtteilen, Regionen, Schichten. Bisher werden sie weithin ignoriert. Es wird Zeit, das zu ändern.

Wo verändern wir den Kapitalismus? Im Kopf. Im Internet. Auf den Finanzmärkten. An neuen Schaltstellen der Gesellschaft. Der dritte Teil entwirft Lösungen.

Kapitel eins beschreibt nicht weniger als den Versuch einer Revolution. Während die globale Wirtschaft die Menschen vor allem zu Konkurrenz und Konsum drängt, wollen Forscher und Aktivisten unsere altruistische Seite stärken. Mehr Mitgefühl im Kapitalismus – das geht.

Kapitel zwei beschreibt keine Revolution, sondern fordert eine. Und zwar im Internet, das heute der ursprünglichen Verheißung nicht gerecht wird, uns alle zu mehr freiem Handeln zu ermächtigen. Wir geben unsere Daten ab – und damit auch die Selbstbestimmtheit. Es wird Zeit für einen großen »New Data Deal«.

Kapitel drei ruft: Schluss mit dem Rumpelkapitalismus! Schluss mit einer immer hektischeren Abfolge von Booms und Finanzkrisen, Geldüberflutungen und Kreditverknappungen! Wir dürfen dem Finanzkapitalismus nicht die Definitionshoheit über die Wirtschaft überlassen. Das schadet dem Normalbürger und zieht die Gesellschaft auseinander.

Kapitel vier schließlich feiert die progressiven Reformer von heute, weil sie beweisen: Inklusiver Kapitalismus ist möglich, im Kleinen wie im Großen. Dafür dürfen wir die Macht der Daten und die Kraft der Globalisierung nicht bekämpfen, sondern sollten sie nutzen. Je mehr wir erfahren über die Menschen und die Märkte, über alte und neue Risse in der Gesellschaft, über das, was den Wohlstand für alle mehrt und was nicht – desto effizienter kann gehandelt werden.

Vor zwanzig Jahren hob Ralf Dahrendorf den Blick und sah ein Jahrhundert in Gefahr. Heute sind wir mit dieser Bedrohung konfrontiert, doch wir können uns ihrer erwehren. Die Selbstzweifel der liberalen Gesellschaft sind mittlerweile groß genug. Es ist Zeit, ans Werk zu gehen.

Teil I

Kapitalismus unter Druck

Kapitel 1

Es wird eng für die Freiheit
Die Herausforderung an uns und den Kapitalismus

Frühjahr 2016. Die Zahl der Flüchtlinge, die nach Deutschland kommen, ebbt ab. EU-Staaten auf der sogenannten Balkanroute haben ihnen den Weg versperrt. Und Angela Merkel hat einen umstrittenen Deal mit Recep Tayyip Erdoğan geschlossen, damit die Türkei gegen Bezahlung die fliehenden Menschen aus Nahost im eigenen Land behält. Der Putschversuch gegen Erdoğan liegt in der Zukunft, der türkische Präsident ist noch kein unumschränkter Autokrat. Die Briten haben noch nicht über den Brexit abgestimmt, der Optimismus ist groß, dass die Mehrheit in der EU bleiben will. Noch weiter weg ist die Wahl in Amerika, Donald Trump gilt vielen eher als Witz denn als ernsthafter Kandidat. Und in Italien regiert der linksliberale Reformer Matteo Renzi, der irrtümlich glaubt, er werde die Volksabstimmung über eine wichtige Verfassungsänderung am Ende des Jahres gewinnen.

Natürlich ist damals nicht alles golden. Die Populisten von der Alternative für Deutschland (AfD) haben zweistellige Umfragewerte, in Polen und Ungarn regieren Feinde der liberalen Demokratie. Doch im Rückblick wirkt diese Phase nach allen Seiten offen. Und mittendrin veranstaltet Google, die unternehmerische Verkörperung des Optimismus schlechthin, eine glanzvolle Konferenz nördlich von London. Der führende Internetkonzern nennt sie »Zeitgeist«. Eineinhalb Tage lang wechseln sie sich auf der Bühne des luxuriösen Landhotels The Grove ab, die Intellektuellen und Berühmten, die Entscheidungsträger und Erfinder. Eric Schmidt, der Chairman von Googles Mutterkonzern Alphabet, unterhält sich mit Amal Clooney über ihre Arbeit als Menschenrechtsanwältin und die Folgen extremer Popularität, Oscar-Preisträgerin Cate Blanchett erläutert, was sie als UNO-Botschafterin in den Flüchtlingsdörfern des Nahen Ostens gelernt hat, die junge Nordkoreanerin Yeonmi Park berichtet von ihrer abenteuerlichen und beinahe tödlichen Flucht aus ihrem Heimatland über China bis nach Amerika. Der ehemalige EU-Kommissionspräsident Manuel Barroso streitet mit dem britischen Hardliner Michael Gove über den Brexit.

Prominenter geht es kaum. Doch der eigentliche Höhepunkt ist eine Rede, die sich später im Jahr als hellsichtig erweisen wird, gehalten von einem akademischen Weltstar, der besonders gut in dieses Ambiente passt. Niall Ferguson ist der vielleicht einflussreichste und gewiss wortgewaltigste Historiker unserer Tage. Nach Oxford war

Harvard das Zentrum seiner erdumspannenden Aktivitäten, heute ist es die Universität Stanford im Silicon Valley.

Der geschickte Rhetoriker mit einem Hang zur Zuspitzung zündet diesmal kein Feuerwerk. Weil er glaubt, dass wir höchst riskante Zeiten erleben, verzichtet er bei Google auf jede Art von Brimborium und beschreibt schlicht die Gefahr, die in der Geschichte der Moderne schon mehrfach aufgezogen ist: Der Kapitalismus enttäuscht die Masse der Menschen derart, dass Populisten die Macht übernehmen könnten. Der konservativ-liberale Geschichtsdeuter zeigt das am Beispiel der Vereinigten Staaten und lässt keinen Zweifel daran, dass es Europa ebenso treffen kann.

Ferguson sagt, es gebe »ein Rezept für Populismus«. Fünf Bestandteile müssten dafür in der politischen Garküche zusammenkommen.

Erstens ist da eine große Zahl von Einwanderern. Mit einer Langzeitkurve, die aussieht wie ein V, zeigt er, wie die Einwanderung seit der Großen Depression in den dreißiger Jahren stetig abnahm und dann seit den siebziger Jahren wieder anstieg. Und dies bis zur Finanzkrise Ende des vergangenen Jahrzehnts.

Zweitens müsse große Ungleichheit hinzukommen. Auch da zeigt er eine Kurve, die sagt: Jahrzehntelang ist die Ungleichheit steil angestiegen, das oberste Prozent der Einkommensbezieher konnte seinen Anteil am Ganzen von einem Zehntel auf ein Fünftel verdoppeln und damit auf ein Niveau wie vor hundert Jahren.

Drittens käme die Überzeugung vieler Menschen hinzu, dass es irgendwie korrupt zugeht im Land und die da oben das Spiel in ihrem Sinne verfälschen, erklärt Ferguson. Er präsentiert Umfragen, laut denen nur noch acht Prozent der Amerikaner ihrem Parlament in Washington vertrauen und nicht viel mehr dem Obersten Gerichtshof in Washington.

Die vierte Zutat ist nach Niall Ferguson eine »große Finanzkrise« oder allgemeiner ein schwerer »wirtschaftlicher Schock«. So wie nach dem Gründercrash im Jahr 1873, dem schwarzen Börsenfreitag im Jahr 1929 und eben dem Subprime-Desaster von 2008, als amerikanische Hypothekenkredite das Weltfinanzsystem vergifteten.

Damit der daraus erwachsende Zorn in politische Gefahr mündet, bedarf es fünftens eines demagogischen Politikers, der die Unzufriedenheit der Masse nutzt – so wie Donald Trump, meint Ferguson. Kein Faschist, eher ein skrupelloser Populist eben. Der Historiker blickt an der Stelle zurück. In den 1870er Jahren hätte es in den Vereinigten Staaten auch einen Trump gegeben, und zwar in Kalifornien: den rassistischen Arbeiterführer Denis Kearney, der die chinesischen Migranten aus Amerika vertreiben wollte, weil sie angeblich den Amerikanern die Jobs streitig machten. Wie heutige Populisten war auch er gegen alles, was den internationalen Kapitalismus ausmacht: Freihandel und Globalisierung, Finanzsystem und politisches Establishment – und natürlich gegen Einwanderer.

Nun herrsche im Westen wieder ein riesiges Unbehagen an der Globalisierung, »doch Leute wie wir kapieren das nicht«, sagt Ferguson den exklusiven Google-Gästen ins Gesicht. Es sei Zeit für die Menschen auf der Gewinnerseite, »sich in die Stimmung von Leuten zu versetzen, die nicht so sind wie sie«.

Am Ende des Jahres 2016 wären die Sorgen um die liberale Demokratie riesig gewesen im Saal. Doch damals, ein gutes halbes Jahr zuvor, beherrschten sie die Debatte noch keineswegs – was nur zeigt, wie schnell die populistische Bedrohung über die Welt gekommen ist. Ferguson sagte damals, dass es knapp werden würde bei der amerikanischen Wahl, egal was Demoskopen oder andere sogenannte Experten erzählen. Der Historiker fürchtete Trump und sah die Chance bei fünfzig zu fünfzig, noch bevor russische Hacker ihren Einfluss geltend machten und die Gegenkandidatin Hillary Clinton vom FBI-Chef vorgeführt wurde.

Heute würde man sagen, dass sich Fergusons Furcht und Realitätssinn als visionär erwiesen haben. Und gleichzeitig geht Mitte 2017 schon wieder ein leises Aufatmen durch die liberalen Gesellschaften Westeuropas. Le Pen wurde in Frankreich besiegt, Holland geriet nicht in Not, und die Deutschen orientierten sich zur Mitte. Doch die Achterbahnfahrt der demokratischen Gefühle kann auch schnell wieder in die andere Richtung gehen. Etwa wenn die populistischen Fünf Sterne in Italien siegen und das durch die Trump-Bedrohung und die Freude auf Emmanuel Macron wieder stärker geeinte Europa spalten sollten. Dieses ist kein Konflikt, der nach ein paar Wahlen und einem konjunkturellen Aufschwung vorbei wäre. Er könnte das Jahrhundert prägen – wenn die Welt es zulässt.

Jenseits des täglichen Erschauderns über Donald Trump ist die liberale Demokratie in Gefahr, weil viele Menschen in den Industrieländern unzufrieden und sehr schnell bereit sind, Leute zu wählen, die diese Demokratie abschaffen oder nachhaltig in Richtung einer autokratisch-populistischen Regierungsweise verändern wollen. Auf dem Weg der fairen Wahl gelangen dann Feinde ebenjener Demokratie an die Macht.

Ökonomische Verhältnisse haben die liberale Demokratie und die soziale Marktwirtschaft in Verruf gebracht. Und Niall Ferguson, der Historiker, verstand das schon früh. Er erinnert uns an etwas, das wir eigentlich alle wissen: Die größte Gefahr für den internationalen Kapitalismus und damit indirekt auch für die weltoffene Demokratie ist dieser Kapitalismus selbst, weil er zur Übertreibung neigt und sich auf diese Weise die eigene Grundlage entzieht. Und diese Grundlage ist das Vertrauen der Menschen ins System und auch zueinander, wenn sie Handel treiben oder verhandeln, Deals schließen oder einander Kredite gewähren.

Gefahr bestünde auch, hätten die Briten 2016 den Brexit abgelehnt, hätte die Mehrheit der Wähler in Amerika sich gegen das Mehrheitswahlrecht durchgesetzt und Clinton zur Präsidentin gemacht, hätten die Italiener ihren Renzi gewähren lassen, hätte Erdoğan sich nicht radikalisiert, würde Polen heute nicht ernsthaft Gefahr laufen, die Demokratie abzuschaffen.

Dass der Zorn nicht verschwindet, wenn die klassischen Demokraten eine Wahl gewinnen, zeigt das Beispiel Österreichs, wo die Nationalisten immer wieder aufs Neue einen Anlauf zur Macht nehmen. Oder der Fall Frankreich, wo sich die Le-Pen-Herausforderung, erst Vater, dann Tochter, über Jahrzehnte hielt und keineswegs auf Dauer gebannt ist.

Es wäre ein Wunder, wenn eine so tiefgreifende Gefahr sich einfach verflüchtigte – solange die tatsächlichen Verhältnisse und die damit einhergehenden Erfahrungen sich nicht nachhaltig geändert haben. Die Stimmung gegen freie Weltmärkte, gegen den internationalen Austausch von Waren, Geld und Arbeit beziehungsweise Menschen, sie entwickelt sich erst langsam und hält sich dann hartnäckig. Wie Niall Ferguson sagte: Viel muss geschehen, ehe eine Vielzahl oder gar Mehrheit der Bürger den liberal-internationalen Konsens aufkündigt. Aber dann geschieht es auch mit historischer Wucht.

Eine solche Stimmung ist gerade nicht Teil der Wankelmütigkeit, die uns das Nachrichten- und Umfragen-Internet täglich vor Augen führt. Was vielmehr geschieht, ist, leider, nachhaltig: Verunsicherte und verstimmte Bürger verlangen eine NEUE PERSPEKTIVE! Etwas ganz anderes, sozusagen. Wenn die liberale Demokratie ihnen das nicht bietet, suchen sie am Rand des Spektrums, und das von

Paris bis Washington, von Wien bis Athen, mal in Minderheit, mal in Mehrheit.

Der britische Publizist Andrew Sullivan hat sich mit diesem »kollektiven Gefühl akuter Frustration« näher beschäftigt. Es trete nicht etwa in Erscheinung, wenn die Not am größten sei, so seine Erkenntnis. Daher auch nicht gleich im Jahr 2008, als mit der Lehman-Bank das Weltfinanzsystem zu zerbersten drohte und auf Titelseiten schon Todesanzeigen für die Wall Street veröffentlicht wurden. Das Gefühl entstehe erst, wenn die akute Bedrohung vorbei ist, aber die Zukunft nicht viel besser aussieht als das Erlebte. Wenn also Nullzinsen den Sparerfolg schmälern oder ganz zunichtemachen. Wenn der Aufschwung nur langsam kommt und die Menschen in der Mitte der Gesellschaft kaum erreicht. Oder in Sullivans Worten: »Nach Rezession und Arbeitslosigkeit zeichnet sich eine Zukunft ab, in der eine echte Erleichterung gegenüber früher immer gerade so außerhalb der eigenen Reichweite zu sein scheint. Und wenn dann denjenigen, die doch die Rezession mit verursacht haben, keine Strafe, sondern nur neuer Reichtum winkt, schwillt die Wut an.«

Aber bei uns doch nicht, heißt es in Deutschland. Unsere Wirtschaft ist seit über zehn Jahren eine funktionierende Jobmaschine, kein Land in Europa hat weniger Jugendarbeitslosigkeit. Vieles andere ist allerdings weniger beruhigend für aufregungsbereite Bürger, allen Phänomenen voran die Migration. Nichts hat die Unruhe so befördert, nichts der AfD so auf die Beine geholfen wie die knapp eine Million Flüchtlinge, die 2015 in die Bundesrepublik kamen und Schutz oder auch nur Wohlstand suchten. Kurz zuvor begannen die »Patriotischen Europäer gegen die Islamisierung des Abendlandes« (Pegida) durch Dresden zu ziehen, und auch diese Bewegung schöpfte ihre Energie aus der großen Zahl an Flüchtlingen.

Dann gingen die Zahl neuer Flüchtlinge und auch der Zorn auf der Straße zurück, und manchem ist klargeworden, dass Einwanderung nicht nur aus Flüchtlingen besteht. Auf längere Sicht waren es vor allem EU-Bürger, die in die wachsende deutsche Volkswirtschaft einwanderten. Beinahe in Hunderttausender-Schritten ist ihre Zahl gewachsen, seit die Finanzkrise ausbrach. Allein im Jahr 2014 waren es über 800 000 Menschen. Das ist durchaus ein Ausdruck der europäischen Idee: Wenn es in einem Teil Europas besser läuft als in anderen, dann kommt es zum wirtschaftlichen Ausgleich. Und Fachkräfte, die in Spanien unter der Massenarbeitslosigkeit vor allem unter jungen Leuten leiden, finden in Deutschland womöglich gleich mehrere offene Stellen.

Doch vor allem für die zornesbereiten Bürger in den mittleren und unteren deutschen Einkommensgruppen sind sie eben auch Konkurrenten um Arbeitsplätze, Wohnungen und staatliche Aufmerksamkeit. Der Staat kümmert sich um alles, so scheint es dann den Enttäuschten, um Migranten und Arme, um Vermögende und sogar die Banken – nur nicht um uns.

Niall Fergusons zweite »Zutat« zum Gebräu des Populismus ist wachsende Ungleichheit, und die ist auf den ersten Blick kein deutsches Problem. Die Verteilung der Einkommen ist in den vergangenen zehn Jahren anders als in den meisten Industrieländern nahezu unverändert geblieben: Seit dem Krisenjahr 2008 ist die Beschäftigungsquote um mehr als vier Prozentpunkte gestiegen, während sie fast überall fiel. Deutschland hat dem Trend des Westens also getrotzt, wie wir im Verlauf des Buches noch genauer sehen werden, dies allerdings erst ab Mitte des vergangenen Jahrzehnts. Zuvor, als Deutschland kurz nach der Jahrhundertwende sogar als kranker Mann Europas galt, hatten sich die Einkommen kräftig auseinanderentwickelt. Und genau das spüren immer noch viele Arbeitnehmer. Wenn sie sich nur lange genug zurückerinnern, dann merken sie, dass ihre Kaufkraft über 20 Jahre hinweg nicht merklich zugenommen hat. Langzeitarbeitslose haben es natürlich noch schwerer.

Die Ungleichheit der Einkommen nahm also erst richtig zu und dann nicht mehr richtig ab. Schwerer wiegt im Land der Mieter und Sparer, dass die Vermögen in Deutschland im Industrieländervergleich besonders ungleich verteilt sind. Das muss man auch in Verbindung zur Finanzkrise sehen, die in Deutschland anders wirkt als in großen Teilen Europas. Den Konjunktureinbruch nach dem Lehman-Crash hat die deutsche Wirtschaft, gestählt durch Gerhard Schröders Agenda 2010, zwar in Rekordzeit überwunden. Aber viele Deutsche bezahlen trotzdem, weil sie keine Zinsen mehr bekommen. Das verunsichert vor allem die Mittelschicht, die doch jahrzehntelang von der Politik gedrängt wurde, privat fürs Alter vorzusorgen.

Dann sollten die Deutschen eben mehr Aktien kaufen, lautet oft die Replik auf diese Klage. Doch damit wird nicht nur die deutsche Sparerseele verhöhnt, die Europa in der Eurokrise höchst wirksam gestützt hat. Auch die »Kränkung« der Mittelschicht, wie es der Münchner Soziologe Stephan Lessenich ausdrückt, macht sich hier bemerkbar. Tatsache ist nämlich, dass nur eine kleine Minderheit in Deutschland Aktien hält und eine große Minderheit in den eigenen vier Wänden wohnt. Die Mehrheit der Bundesbürger profitiert daher nicht von der Preisexplosion bei Immobilien und dem Kursfeuerwerk an der Börse.

Auch die Deutschen haben also, um mit Niall Ferguson zu reden, »eine große Finanzkrise« erlebt. Haben einige Zeit um die Basis ihres Wohlstands gezittert. Haben mit angesehen, wie die alten Euroregeln außer Kraft gesetzt wurden. Haben erlebt, wie – aus nationaler Sicht – Deutschland die Griechen unterstützte und dafür Hass und Hohn erntete. Und auch das Misstrauen in die heimischen Institutionen, die eigentlich Wohlstand und Fairness schaffen sollen, ist auf lange Sicht gewachsen: Im Jahr 2016 vertraute nicht einmal ein Fünftel der Bundesbürger den Konzernen und politischen Parteien. Höher im Kurs stehen Parlament und Presse. Doch auch ihnen hat die Mehrheit das Vertrauen entzogen.

All das drückt sich im Magengrummeln der Mittelschicht aus. Es geht nicht fair zu, sagt ein verbreitetes

Gefühl, die Gewinner stehen schon fest, bevor das Spiel beginnt – und wenn sie verlieren wie die Banken und ihre Großkunden im Jahr 2008, dann eilt der Staat zu Hilfe.

Obwohl es in der Bundesrepublik kein Jobproblem gibt wie in Südeuropa und keine so eklatante Mittelschichtswut wie in Amerika, hat sich auch im Wirtschaftswunderland der Nachkrisenjahre die Stimmung gegen die offene Weltwirtschaft und gegen das Fremde, das damit einhergeht, gewandt. Das gilt nicht nur für die Menschen, die einwandern oder in Fernkonkurrenz den Deutschen Arbeitsplätze streitig machen. Es gilt auch fürs Kapital. 2016 zum Beispiel wollte die chinesische Midea-Gruppe den deutschen Roboter-Hersteller KUKA für einen Gesamtwert von 4,5 Milliarden Euro übernehmen. Früher hätte man sich über das Kapital aus Fernost gefreut, zumal die Chinesen als Unternehmenseigner in der deutschen Wirtschaft beliebt sind. Nun aber versuchte die Politik Alternativangebote zu organisieren – wenn auch erfolglos.

Noch deutlicher wurde die neue deutsche Haltung beim Streit um das Transatlantische Freihandelsabkommen. Im Jahr 2015 schon machten die Deutschen europaweit Schlagzeilen damit, dass nicht einmal 40 Prozent von ihnen für dieses TTIP waren – und damit weniger als sonst in der EU. Wenn sich schon die eindeutigen Gewinner der Globalisierung nicht trauen, ihre Grenzen etwas weiter zu öffnen, was sollen dann erst die Verliererländer sagen? Und mit jedem, der die Grenzen dicht macht – das sieht man am nicht endenden Flüchtlingspoker innerhalb

Europas –, wird es für die anderen schwerer, ihre Grenzen offen zu halten.

Zeitweise verkrampft sich die industrialisierte Welt im Modus des Gegeneinanders. Ob bei AfD, Front National oder Fünf Sterne, ob in Ungarn und in Polen oder erst recht bei Donald Trump, den knapp die Hälfte der wählenden Amerikaner ausdrücklich wollte und wohl noch will: Immer geht es um ein Denken, das die Welt einteilt in »für mich« und »gegen mich«. Globalisierungs- und Fremdenfeindlichkeit, Nationalismus und Isolationismus sind seine Ausdrucksformen. Hier wird nicht gemeinsam um die Zukunft gerungen, sondern allein, gegen die anderen, und ein Weltproblem wie der Klimaschutz ist schon gar kein Thema mehr. Es geht gegen Menschengruppen. Gegen Länder. Gegen Multikulti und liberale Lebensentwürfe. Gegen die Idee einer internationalen Marktwirtschaft und eines globalen Wettbewerbs, bei dem alle Länder gewinnen können. Der antifreiheitliche Virus ist ansteckend.

Vielen Zahlen und Argumenten führender Forscher, Politiker, Manager und Medienmacher wird nicht mehr geglaubt. Nicht wenige Bürger argwöhnen, dass die Gewinner einer Debatte oder einer Entwicklung immer schon im Vorhinein feststehen. Dass nach Kriterien entschieden wird, bei denen immer schon klar war, zu wessen Gunsten sie Anwendung finden. Wie etwa nach der Finanzkrise, als Steuerzahler die Banken und ihre Aktionäre retteten.

Das Gemeinsame in der Gesellschaft schrumpft. In den Fußballstadien sitzen Arm und Reich nicht mehr zusammen, sondern die einen unten oder ganz oben im Freien, die anderen in den Lounges. In den Schulen treffen Arm und Reich auch weniger aufeinander als früher, weil durch Stadtplanung und schnell steigende Immobilienpreise die Stadtteile zusehends homogener werden und Privatschulen für viele wohlhabende Eltern zu einer echten Option, zu einer Mode oder gar gefühlten Pflicht geworden sind. In der Krankenversicherung ist die Trennung in Deutschland ohnehin Programm. Und in den Ortskernen trifft man sich nicht mehr, weil das Einkaufen sich verlagert, einerseits in große Zentren auf der Wiese, andererseits in die Luxusläden der Städte, wo die Mieten so hoch sind. Das Gefühl, dass wir nicht mehr zusammengehören, hat eben eine reale Basis und ist Teil der empfundenen Ungleichheit.

Viele Politiker, Experten, Medienstimmen sind der Meinung, wir hätten es mit einem politischen Problem zu tun, weil eben die Demokratie selbst gefährdet ist. Demnach könnten wir die ökonomischen Perspektiven ausblenden und alles einem politischen Imperativ unterstellen – nach dem Motto: egal ob wirtschaftlich richtig oder falsch, Hauptsache, die Populisten werden bei der nächsten Wahl zurückgedrängt.

So löst man aber das Grundproblem nicht. Wer eine neue Basis, eine neue Stabilität für die liberale Demokratie will, sollte um eine andere Ordnung, andere Routinen und Wertmaßstäbe im Kapitalismus ringen, damit die Menschen wieder zusammenkommen. Damit sie das Gefühl entwickeln, dass auch sie gewinnen können und nicht nur die anderen, die schon ans Gewinnen gewöhnt sind. Die Bürger müssen sich eine andere Geschichte von ihrer (Wirtschafts-)Welt erzählen, so wie sie es taten nach Einführung der Sozialversicherung unter Bismarck oder nach der Etablierung der Sozialen Marktwirtschaft ab 1949.

Neue Grundlagen für den Kapitalismus sind gefragt. Digitalexperten rechnen vor, dass fast die Hälfte aller Jobkategorien bedroht sei. Diesmal sind nicht billige Arbeiter in Fernost schuld, sondern Algorithmen und Roboter. In der alten Welt konnte man seinen Wohlstand gerade so halten, in der neuen Welt ist auch das bedroht. Nicht für mich! Dieses Gefühl sucht und findet immer mal wieder Bestätigung.

Es ist also gar nicht so schwer zu verstehen, woher die Spaltung rührt. Niall Ferguson hat recht behalten. Erstens damit, dass er damals, im noch sorgenarmen Frühling 2016, warnte, Donald Trump werde bis zur Wahl im Herbst des Jahres eine gute Chance auf den Sieg haben. Kaum einer bei Google mochte ihm dabei folgen. Zweitens mit der Kritik an der liberalen Elite, also den Zuhörern, die sich etwas vorgemacht haben. Diese Elite hat linken und rechten Globalisierungskritikern vorgerechnet, dass die Welt im Kampf gegen absolute Armut und Hunger vorangekommen sei; den Ärmsten der Welt gehe es heute ja auch besser als vor zwei Jahrzehnten, den Reichsten sowieso. Doch dazwischen stagniert der Wohlstand für westliche Mittelschichten, und vor allem fehlt die Hoffnung, dass dies nur eine Episode ist.

Aus dieser Erfahrung speist sich auch das Weltbild der heranwachsenden Generation, wie die britische Wirtschaftsforscherin und Journalistin Noreena Hertz belegt. Teenager von London bis New York erwarten demnach ein härteres Leben, als es ihren Eltern vergönnt ist. In Großbritannien sorgen sich fast 80 Prozent der 14- bis 21-Jährigen, ob sie einen Job bekommen. Schulden sind für sie »eine unvermeidbare Last ..., die jeder in dieser Generation teilt«, wie es ein Befragter ausdrückt. Das Vertrauen gegenüber Konzernen und Regierungen ist noch geringer als bei der Generation vor ihnen.

Man kann sich vorstellen, dass es in Südeuropa mit Jugendarbeitslosenquoten von 40 Prozent und mehr nicht besser ist. Nur gut, dass Deutschland keine dauerhafte Krise nach dem Crash hatte, die bei Jugendlichen eine solche Stimmung auslöst. Die Startbedingungen im Ringen um den nächsten Kapitalismus sind also noch relativ gut zwischen Rhein und Oder. Man müsste nur einmal anfangen, sich einzugestehen, dass auch im Boomland D vieles verbesserungswürdig und verbesserungsfähig ist.

Noch einmal zurück zur Google-Bühne. Niall Ferguson beendet seinen Vortrag mit einem düsteren Ausblick, und das nicht bloß was Trump betrifft. Historisch gesehen, erklärt er, würde es in der Politik angesichts solcher aggressiven Stimmungen immer eine Gegenreaktion zur Globalisierung geben. Grenzen werden demnach dichter gemacht, Strafzölle erhoben, Flüchtlinge nach Hause geschickt, Nationalismen stärker betont. Die Frage sei nur, wer es mache: die alten Demokraten, die früh genug reagieren, oder die neuen Populisten.

Ende des 19. Jahrhunderts rettete sich das amerikanische Establishment, indem es auf Denis Kearneys Hasskampagne reagierte. Im Jahr 1882 trat ein landesweites Gesetz in Kraft, das chinesischen Arbeitern verbot, in die USA einzuwandern. Es folgte noch eine ganze Serie fremdenfeindlicher Gesetze, die das Land moralisch und ökonomisch ärmer machten. Doch die Hetzer erlangten nicht die politische Macht. In der Weltwirtschaftskrise errichteten viele Länder neue Grenzen und wickelten die Globalisierung der damaligen Zeit zum Teil wieder ab. Und die Migrantenströme verebbten.

Auch heute wird die Globalisierung zurückgedreht, und viele Grenzen schließen sich für Migranten. Dabei dürfen es die Verteidiger der liberalen Gesellschaft nicht belassen. Vielleicht können sie den Zorn der Bürger eindämmen, wenn sie auf populäre Forderungen eingehen. Aber solches Anpassungsverhalten ist rein defensiv, ihm fehlt ein offensives und reformerisches Element. Wir müssen verstehen, wo der Zorn seine Berechtigung hat und wo er nur das Resultat von Missverständnis und Manipulation ist. Und wie er wieder weicht zugunsten von Vertrauen und Kooperationsbereitschaft. Dafür müssen wir den

Kapitalismus auseinandernehmen, das Unbehagen an ihm begreifen, um ihn dann neu zusammenzusetzen.

Genau daran arbeiten heute schon viele Menschen, bewusst und unbewusst. Sie suchen nach Wegen, die Spaltung zu überwinden, theoretisch und praktisch. Sie wissen: Das Wirtschaftssystem darf die Menschen nicht trennen, sonst trennen sie sich von der liberalen Demokratie, von einem gemeinsamen Europa, von der Erzählung des Miteinander.

Die Industrieländer müssen also neue Erfahrungen schaffen, und zwar mit im weitesten Sinne ökonomischen Mitteln. Materiell und emotional, auf die harte und die weiche Tour – im Kapitalismus des 21. Jahrhunderts lässt sich das nicht mehr trennen.

Kapitel 2

Falsche Feinde, echte Feinde
Was an unserer Wirtschaftsdebatte nicht stimmt

Das Ziel ist leicht genannt und schwer erreicht: Es gilt das Ringen um den nächsten Kapitalismus zu gewinnen. Ihn so zu entwerfen und zu gestalten, dass er Wohlstand für möglichst viele schafft – um nicht mit Ludwig Erhard zu sagen: »für alle« –, dass er Menschen mitnimmt und die Gesellschaft nicht spaltet. Eine Soziale Marktwirtschaft II, für die Bedingungen des 21. Jahrhunderts.

Warum aber fällt das, was doch die vornehmste Aufgabe eines jeden Ökonomen sein sollte, offenbar so schwer? Auf diese Frage gibt es mehrere Antworten. Die erste ist, dass Ökonomie nun mal keine Naturwissenschaft ist, sondern eine soziale Disziplin. Ein Austausch von Ideen und Argumenten darüber, was herauskommt, wenn Menschen miteinander und gegeneinander wirtschaftlich handeln. Die zweite Antwort lautet, dass gerade deshalb die Ökonomie und ihr Diskurs viel Platz für Ideologie und den Einfluss von Spezialinteressen lassen. Es ist mühsam herauszufinden, was an einem Argument wirklich zentral ist und was nebensächlich, ob eine Studie tatsächlich neutral angelegt ist oder ob sie von einer Weltanschauung geprägt wird. Die dritte Antwort sollte uns heute besonders wichtig sein: Wirtschaftliche Erkenntnisse sind oft schwer zu vermitteln, weil sie der menschlichen Intuition widersprechen – oder dem Zeitgeist.

Armin Falk ist ein Verhaltens- und Experimentalökonom in Bonn, nach den einschlägigen Ranglisten der Beste in Deutschland. Gerade baut er ein neues Institut für »Verhalten und Ungleichheit« auf, das die Erforschung des Menschen, seiner Vorlieben und sozialen Einstellungen zusammenbringen soll mit dem weltweit heiß umstrittenen Verteilungsthema. Es ist das erste Institut seiner Art weltweit. Man sieht an dem Projekt: Der 49-jährige Rheinländer, der sich schon als Schüler bei den Sozialdemokraten engagierte, ist nicht nur ein Innovator, wie er im Buche steht, einer mit immer neuen Ideen, er ist auch alles andere als ein klassischer Ökonom. Das Herunterbeten von Lehrsätzen über den Markt ist ihm genauso ein Graus wie ein Techno-Optimismus, der nicht nach dem Schicksal der betroffenen Menschen fragt.

Gleichwohl ist Armin Falk Professor für Volkswirtschaftslehre, und als solcher kennt er das Problem unserer Zeit – und hat eine für seinen Berufsstand typische Art, es auszudrücken. Wenn über internationalen Austausch, über Freihandel und Migration nachgedacht werde, dann sähen die Menschen nur die »Substitutionsbeziehung«, erklärt Falk. Dazu muss man wissen: Ökonomen verstehen darunter, dass zwei Produkte oder auch zwei Menschen sich gegenseitig ersetzen können. Dem entgegen steht die »Komplementaritätsbeziehung«, bei der sie sich ergänzen.

Der Witz ist nur: Meistens gibt es in der Wirklichkeit nicht nur die eine oder andere Wirkung, nicht nur Ersatz oder Ergänzung, sondern beide. Zwei Automarken treten natürlich in Wettbewerb zueinander, weil die meisten Kunden nur ein Auto auf einmal kaufen, entweder von der einen oder der anderen Marke. Aber weil es dann mehr als eine Automarke gibt, sind insgesamt die Auswahl und das Interesse an Autos auch größer, es werden mehr verkauft. Wettbewerb belebt das Geschäft, heißt das in der Alltagsweisheit.

Auch in wirtschaftspolitischen Debatten spielt es eine Rolle, welche Wirkung vorliegt. Veranlasst die Politik ältere Menschen, länger im Job zu bleiben, dann fällt vielen, auch Nicht-Populisten, gleich ein: Diese Arbeitsplätze fehlen künftig den Jüngeren, sie werden ihnen weggenommen. Oder umgekehrt gesprochen: Mehr Frührente macht Jobs frei für junge Arbeitslose.

Doch das ist eben nur der eine Effekt, die Substitution. Die andere Wirkung ist etwas indirekter und schwerer zu verstehen, aber sie existiert trotzdem. Wenn die Älteren länger arbeiten, dann zahlen sie auch länger Sozialbeiträge – sodass die Beitragssätze für alle sinken können. Außerdem schaffen sie Wachstum, was dann wieder zu neuen Jobs für die Jungen führt. Die Komplementarität gibt es also auch hier, am Arbeitsmarkt. Sie stellt das Gerede vom Generationenkonflikt infrage.

Doch die Substitution hat eben den Vorteil, dass sie jedem sofort einfällt. Bei der Einwanderung kennen wir das schon lange. »Kinder statt Inder« war zur Jahrtausendwende ein Slogan, der dieses Denken auf den Punkt brachte. Heute tritt es noch stärker zutage, da es von Populisten unterstützt und von dem wabernden gesellschaftlichen Zorn angeheizt wird. Wer kriegt den Job, die Migranten oder wir? Wer kriegt soziale Unterstützung, die Flüchtlinge oder wir? Oder noch schlimmer: Wer kriegt unsere Frauen, die oder wir? Mit der Angst vor dem sexuellen Statusverlust haben schon die Nazis Politik gemacht.

Das alles ist Armin Falk bewusst. Die Globalisierung ist auf den ersten Blick ein Gegeneinander, und das nicht nur bei der Einwanderung, sondern auch beim Freihandel. »Der komparative Vorteil ist schwer zu verstehen«, sagt der Professor, der im Nebenfach Philosophie und Geschichte studiert hat. Er erinnert daran, dass der große britische Ökonom John Maynard Keynes den Siegermächten nach dem Ersten Weltkrieg auszureden versuchte, die unterlegenen Deutschen mit hohen Reparationsforderungen zu überziehen. Sein Argument: Das wäre für die Briten selbst von Nachteil, weil die Deutschen dann kein Geld mehr hätten, um britische Produkte zu kaufen. Leider fand er wenig beziehungsweise zu spät Gehör. Die Sieger dachten zunächst vor allem an Vergeltung und Substitution – an Ersatz für erlittene Verluste.

Die Komplementarität hat es schwer und damit auch ihre berühmteste Ausdrucksform, der komparative Kostenvorteil. Der entspricht in der Tat nicht der menschlichen Intuition. Und doch ist er einer der wichtigsten Gedanken in der Geschichte der Ökonomie, entworfen vom britischen Nationalökonomen und Universalgelehrten David Ricardo.

Ursprünglich herrschte die Ansicht, dass nur dasjenige Land vom Handel mit einem Produkt profitiert, das dieses Produkt billiger herstellen kann. Das war der absolute Kostenvorteil. Wenn ein Land bei einem Produkt billiger war, ein zweites Land bei einem anderen, dann konnten sie beide profitabel ihre Volkswirtschaften für den Handel öffnen. Wenn aber ein Land bei allem besser war, dann musste das andere sich durch das Errichten von Handelshürden gegen den Angriff verwahren.

Doch Ricardo dachte weiter bei seinem Ringen gegen den Merkantilismus, der damals Schutzzölle gegen das Ausland verlangte. Seine Frage lautete: Angenommen, ein Land kann alle Produkte billiger bereitstellen als ein anderes – kann dann der Handelspartner vielleicht doch davon profitieren?

Jawohl, erklärte Ricardo. Das günstigere Land stellt vor allem das Produkt her, bei dem es am besten ist – und zwar für beide Länder, das eigene und den Handelspartner. Dann fehlt aber die Kapazität, auch alle weiteren Produkte in der benötigten Menge anzubieten – einschließlich der neuen Produkte, die künftig erst noch entwickelt werden. Da springt nun das andere Land ein und stellt vor allem diejenigen Produkte her, bei denen es noch relativ günstig ist. Oder mit den Worten der Ökonomen: bei denen es zwar keinen absoluten, aber einen komparativen Vorteil hat. Und beide Länder nehmen aktiv teil am Freihandel.

Dieser Gedanke ist die Keimzelle aller Globalisierung. Natürlich gibt es Situationen, in denen er nicht zutrifft – vor allem, wenn eine Seite unfair spielt und einseitig Handelsbarrieren aufbaut, die möglicherweise auch noch schwer als solche zu erkennen sind. Doch im Prinzip beschreibt der »komparative Vorteil« das Wunder internationaler Arbeitsteilung. Es ist ein dynamischer Gedanke, der vorwegnimmt, wie die Volkswirtschaften sich an den Freihandel anpassen. Am Ende ist es nicht die Substitution, die im Vordergrund steht, nicht dass der eine dem anderen etwas wegnimmt. Vielmehr ist es die Komplementarität. Danach schaffen nicht nur beide Seiten zusammengenommen mehr Wohlstand, wenn sie die Grenzen öffnen und sich auf den Freihandel einlassen. Auch die einzelnen Handelspartner für sich genommen schaffen das, weil sie mehr von dem herstellen, in dem sie relativ gut sind – und anderes relativ günstig kaufen können.

Rund 200 Jahre später hat Ricardos Einsicht ihre Strahlkraft verloren. Seit der Finanzkrise im Jahr 2008 gibt es einen Trend zu mehr Abschottung in den zwanzig führenden Industrie- und Schwellenländern. Der Handel wird zusehends weniger frei. Im Jahr 2016 hat die Zahl der seither eingeführten Schutzmaßnahmen einen neuen Höchststand erreicht. In den G-20-Ländern hat die Welthandelsorganisation (WTO) genau 1263 solcher Eingriffe notiert. Zuletzt seien monatlich gut zwanzig Hemmnisse hinzugekommen, so die WTO. Das macht im Schnitt eines pro Land und Monat.

In dieser Zahl sind verschiedene Maßnahmen vereint: Schwellenländer versuchen die heimischen Bauern zu schützen, die Europäer wehren sich mit Zöllen gegen (angebliche) Dumping-Preise aus China, Amerika geht gegen europäische Stahlexporteure vor. Und da hatte Donald Trump noch gar nicht das Weiße Haus bezogen, um mit seiner »America First«-Politik ernst zu machen. Er hatte noch keinen Strafzoll auf kanadisches Holz erhoben und sich noch nicht mit Mexiko angelegt.

All das kostet am Ende Wohlstand, und gerade Zölle schaden oft der heimischen Industrie, die eigentlich geschützt werden soll. Mittlerweile jedenfalls wächst der Welthandel deutlich langsamer als die Wirtschaftsleistung auf der Erde. Im laufenden Jahr 2017 werde er nur um 1,9 Prozent zunehmen, glaubt die Industrieländerorganisation OECD. Die Weltwirtschaft insgesamt werde fast doppelt so stark wachsen. Die Verhältnisse haben sich also umgedreht. Lange trieb der Handel das Wachstum an, jetzt hinkt er hinterher.

Die deutsche Regierung wendet sich zwar erwartungsgemäß gegen den neuen Protektionismus und plädiert für mehr statt weniger Freihandel. Ihre Bürger hat sie damit aber nicht unbedingt auf ihrer Seite. Besonders kritisch reagieren die Globalisierungsweltmeister aus Deutschland auf neue Handelsabkommen. Die relativ kleine Bundesrepublik hat als Exporteur sogar China noch einmal hinter sich gelassen. Doch das Projekt der »Transatlantic Trade and Investment Partnership«, kurz TTIP, ist hier nicht willkommen. Im Jahr 2015, auf dem Höhepunkt der Debatte, zeichnete sich das in einer Emnid-Umfrage bereits ab: Nur knapp 40 Prozent der Deutschen unterstützten den Deal zwischen der EU und den USA, noch weniger als sonst in Europa. Im Jahr darauf sanken die Zustimmungszahlen noch einmal.

Ökonomische Fragen gingen unter in der Aufregung über das mit Chlor gewaschene Huhn aus Amerika, das aber gar nicht unter das Abkommen fallen würde – abgesehen davon, dass auch in Europa Lebensmittel mit Chlor gewaschen werden, nur eben keine Hühner. Später richtete sich die Empörung dagegen, Schiedsgerichte für Streitfragen einzurichten, an die sich auch einzelne Unternehmen wenden können. Dort würden amerikanische Konzerne europäische Staaten austricksen, war die Befürchtung. Dass private Schiedsgerichte mit von den Deutschen erfunden wurden und in vielen Handelsabkommen Deutschlands mit kleineren Ländern vorkommen, spielte kaum eine Rolle in der Debatte. Ebenso wenig der Vorschlag, die Besetzung der Gerichte unter öffentlichen Einfluss zu stellen. Nein, die Mehrheit wollte einfach nicht.

Nun könnte man sagen, vielleicht war da auch eine besondere Angst gegenüber der Großmacht USA und ihren Konzernen im Spiel. Da können die Deutschen erst einmal durchatmen, weil es TTIP in der alten Form mit Donald Trump ohnehin nicht geben dürfte – der Präsident will schließlich ganz neue, amerikafreundlichere Abkommen. Viel Spaß dabei.

Doch die Skepsis geht ungleich tiefer. Selbst das Handelsabkommen CETA (Comprehensive Economic and Trade Agreement) zwischen der EU und dem keineswegs furchteinflößenden Kanada findet in Deutschland wenig Freunde. Laut einer Umfrage des Ipsos-Instituts glaubten im Jahr 2016 nur 18 Prozent klar an neue Vorteile, und 28 Prozent verneinten sie. Überhaupt fürchtete mehr als die Hälfte der Bürger, Freihandel weiche Standards auf und bringe schadhafte Produkte ins Land. Und 47 Prozent stimmten der Behauptung zu, die Regierung solle mehr dafür tun, um die deutsche Industrie (den Weltmeister!) vor internationalem Wettbewerb zu schützen.

Dahinter steckt die Sandkastenlogik: Mein Spielzeug! Nein, gib her, mein Spielzeug! Sie entspricht dem Bedürfnis nach Vereinfachung, welches gerade dann entsteht, wenn es schwierig wird oder Bürger ungeduldig geworden sind. Es kommt zu Schuldzuweisungen, und das Ergebnis sind dann unterkomplexe Lösungen, Strafzölle zum Beispiel. Eine solche Haltung einzunehmen ist sehr verlockend, sogar für Wirtschaftsstudenten. Selbst sie tun sich oft schwer zu verstehen, wie beim Handel ein Mehrwert entsteht. Vielleicht wollen sie es in einer bestimmten gesellschaftlichen Stimmung auch gar nicht.

Im Sandkasten ist es nicht so wichtig, wenn die Komplementäreffekte vergessen werden – wobei Kinder anders als Erwachsene im nächsten Moment auch schon wieder alles teilen und merken, dass miteinander zu spielen doch am schönsten ist. In der modernen Volkswirtschaft ist ein Anfall von Sandkastenlogik dagegen ein großes Problem. Denn oft stimmt der Verdacht einfach nicht, dass nur einer das Spielzeug haben kann, schon gar nicht im internationalen Handel.

Ein Beispiel: Chinesische Hersteller von Solarpaneelen haben die deutsche Konkurrenz förmlich pulverisiert. Doch das hat diese Anlagen für deutsche Eigenheimbesitzer so günstig gemacht, dass sie sich je nach Wohnlage nun erstmals auch ohne Subvention lohnen können. Oder ein ganz anderes Beispiel: Siemens unterhält große Produktionen in Indien. Zum Teil kommen diese Jobs aus Deutschland, ja, aber zum Teil wären sie ohne das Engagement auf dem Subkontinent auch nie entstanden. Das Wachstum des Konzerns führt dann auch wieder zu mehr Arbeitsplätzen in der Heimat. Und Siemens entwickelt neue Produkte im Umgang mit den Abnehmern in Indien, zum Beispiel in der Medizintechnik. Anlagen dort müssen sehr viel billiger sein, robust gegenüber Klima und Stromversorgung. Also haben die Entwickler des Konzerns beispielsweise Röntgengeräte entwickelt, die 70 Prozent billiger sind als ihre Vorgänger. Sie sparten vieles ein, erfanden anderes aber auch ganz neu. Aus solchen Innovationen und Vereinfachungen sind schließlich wieder günstige Produkte für den europäischen Markt entstanden, die es ohne die Erfahrung in Indien nicht gäbe.

Globalisierung heißt Komplementarität, auch wenn dieses Sich-Ergänzen schwierig zu vermitteln ist. Nationalismus heißt Substitution, und seine Idee des Gegeneinander ist leicht zu verstehen. Auf keinem Feld internationalen Austauschs ist das mehr der Fall als bei der Migration. Menschen sind in der Wahrnehmung der Zornbereiten eine noch direktere Bedrohung als Waren.

Geht es darum, wie Einwanderung auf ein Land wirkt, dann haben die Wirtschaftsforscher allerdings eine Wende vollzogen. Im vergangenen Jahrhundert überwogen lange die Zweifel, ob Einwanderung Wohlstand erzeugt. Doch mittlerweile betonen Ökonomen sowohl in den USA als auch in Europa vor allem ihre wohlstandssteigernden Wirkungen. Das gilt gleichermaßen für die Einwanderung hoch und niedrig qualifizierter Menschen.

In den USA ist David Card eine Kapazität auf diesem Gebiet. Der Berkeley-Professor wendet sich vehement gegen alte Modelle, die sagen: Einwanderer drücken die Löhne am Arbeitsmarkt. Wenn man richtig rechne, so Card, dann erweise es sich als Irrtum, dass niedrig qualifizierte Einwanderer die Löhne im unteren Bereich des Marktes und hoch qualifizierte Einwanderer die Gehälter im oberen Bereich drücken würden. Das gilt der Forschung zufolge sowohl generell wie auch speziell für Mexikaner in den USA, die Donald Trump unbedingt loswerden will. Das Fazit ist klar: So eingängig die Trump'sche Mauerlogik auch sein mag, sie stimmt weder bei den Waren noch bei den Menschen, die aus dem südlichen Nachbarland in die Vereinigten Staaten kommen.

In Europa hat sich Klaus Zimmermann, der mehrere Forschungsinstitute in Deutschland leitete, mit Migrationsforschung hervorgetan. Die Arbeitsmigration innerhalb Europas ist für ihn und seine Mitstreiter ein eindeutiger Gewinn. Sie sorgt dafür, dass Arbeitnehmer dorthin kommen, wo Arbeit ist, und schafft auf diese Weise einen gesamteuropäischen Ausgleich. Deutschland profitiert also enorm davon, dass es in den vergangenen Jahren so viele europäische Arbeitskräfte angezogen hat.

Den Verdacht, dass Migranten die Freizügigkeit nutzen, um an hohe Sozialleistungen zu kommen, fanden die Forscher nicht bestätigt. »Die Migranten wollen sich nicht in die soziale Hängematte legen«, fasste Zimmermann das Resultat zusammen. Das war, bevor im Jahr 2015 fast eine Million Flüchtlinge nach Deutschland kamen. Aber auch da haben Zimmermann und seine Kollegen die begründete Hoffnung, dass das Komplementäre auf Dauer überwiegt: »Langfristig gibt es gute Aussichten, dass positive Wohlfahrtseffekte erzielt werden können.«

Bloß – wie vermittelt man all das? Die Antwort lautet: Konkret! Mit dem Beispiel von Einwanderern, die als Unternehmer Jobs oder als talentierte Arbeitnehmer zusätzliche Werte schaffen. Oft verrichten sie auch Arbeiten, die kein Deutscher macht. Dann handelt es sich sogar um puren Mehrwert. Null Prozent Ersatz, hundert Prozent Ergänzung. Die Realität tritt hier an gegen das Nichtverstehen, gegen die Populisten mit ihrem Hang zum Nationalismus, gegen die zeitweise um sich greifende Furcht: Wenn Flüchtlingen die Unterkunft bezahlt wird, bleibt für arme Bundesbürger keine soziale Unterstützung übrig.

Armin Falk setzt auch auf die Taktik der Negativfrage: Was wäre, wenn die Ausländer das Land wieder verließen? Pflegejobs? Müllabfuhr? Putzkräfte? Bauarbeiter? Fehlanzeige! Bringt man die Menschen dazu, sich dieses Szenario vorzustellen, ist schon etwas Aufklärung erreicht. Vorstellbar ist vor allem der einzelne Fall, das Reale und Lebensweltliche. Ein Beispiel: Wenn ein polnischer Fremdenführer eine Reisegruppe aus seiner Heimat durch Berlin führt, dann sorgt er dafür, dass auch andere, deutsche Arbeitskräfte etwas davon haben: Busfahrer, Bedienungen im Restaurant, Museumsmitarbeiter. Gemeinsam wird hier expandiert.

Es lohnt sich, um die wirtschaftliche Wahrheit zu ringen. Dann kann die »Die-oder-wir-Logik« nicht mehr so einfach verfangen, und man sieht: Die Globalisierung ist nicht unser Feind. Nicht in Europa und auch nicht in den Vereinigten Staaten, wo der Präsident unter dem Vorwand der Fairness eine echte Mauer und viele weitere bildliche Hürden errichtet. Er wende sich im Namen der Wähler gegen »den Diebstahl amerikanischen Wohlstands«, erklärte er in einer Art Grundsatzrede in Wisconsin im Frühjahr

2017. Die »Buy American«-Gesetze müssten hart angewendet, Arbeitsvisa auf ein Minimum zurückgeführt werden. Ausländer sollen nicht stören, Amerikaner alle Arbeit erhalten. Strafzölle auf den Import von billigem Stahl und anderen Industrieprodukten (vor allem gegen Mexiko, China und die Deutschen) gehören ebenso zu dieser Haltung wie Maßnahmen gegen günstige Agrarimporte aus Kanada.

Dabei weiß es selbst ein Donald Trump eigentlich besser, wie er in Wisconsin einmal zu erkennen gab. Da bedauerte er, dass Amerika kaum noch Berufsschulen habe, und sagte, er wolle sie zurückbringen. Tatsächlich haben die Vereinigten Staaten, Politik und Wirtschaft gleichermaßen, ihre Industrie im Zeitalter der Globalisierung allzu oft links liegen lassen und sich stattdessen für die Wall Street und das Silicon Valley begeistert. Deshalb fehlt heute in weiten Teilen des Landes eine duale, also berufsbegleitende Ausbildung. Gleichzeitig hat die amerikanische Schwerindustrie in Bundesstaaten wie Ohio den Strukturwandel zeitweise verschlafen, und Gewerkschaften haben so lange an Besitzständen festgehalten, bis viele Jobs verlagert oder verloren gegeben wurden. Wer sich nicht auf die Globalisierung einlässt, dem wird sie natürlich zum Feind, und dann schaltet er in den reinen Verteidigungsmodus.

National-Populisten nutzen solche Missverständnisse aus, und die klassischen Demokraten stehen nicht gemeinsam gegen sie auf. Das gilt für Amerika wie für

Deutschland. Die linke Mitte ist traditionell offen für mehr Einwanderung und auch für eine offensive Regelung dieser Einwanderung. Doch beim Freihandel regt sich dort schnell Skepsis. Die rechte Mitte propagiert in der Regel den freien Handel. Aber mit der Einwanderung tut sie sich schwer.

Die Rechteren und die Linkeren, sie könnten und sie sollten voneinander lernen: Freier Handel ist nicht der Feind, den viele Deutsche in ihm sehen. Und eine auch nach wirtschaftlichen Interessen geordnete Einwanderung schafft Wohlstand. Beide Formen des internationalen Austauschs gehören zusammen und wirken auch als kommunizierende Röhren. Ist der Handel frei, können Migranten eher zu Hause bleiben, so wie in den vergangenen Jahren viele Mexikaner oder in Europa auch die Polen. Doch wenn man wie Trump und Co. beides fernhalten will, die Konkurrenz der Menschen und der Waren, dann entsteht doppelter Druck an der Grenze. Und Wohlstand wird auf gleich zwei Arten zerstört.

Es ist also enorm wichtig, dass wir auf der Suche nach dem besseren Kapitalismus zwischen echten und falschen Feinden unterscheiden. Aber es ist auch hart.

Martin Hellwig gehört vielleicht nicht zu den bekanntesten Ökonomen im Land, aber er ist einer der großen deutschen Volkswirte. Als Talkshow-Professor taugt er nicht, und links oder rechts ist er auch nicht recht zuzuordnen. Hellwig ist ein Wahrheitssucher, einer, der darauf achtet, dass die wirtschaftlichen Argumente stimmen und nicht bloß Spezialinteressen oder Weltanschauungen folgen.

Sein Bullshit-Detektor-Gen hat den Professor, der lange ein Bonner Max-Planck-Institut leitete, zu seinem größten Publikumserfolg geführt. Gemeinsam mit der Stanford-Professorin Anat Admati veröffentlichte er im Jahr 2013 den Bestseller »Des Bankers neue Kleider«. In einfachen Worten legt das Buch die Lobbylügen der Finanzinstitute bloß. Es beschreibt, wie sich Politiker dazu verführen ließen, die Banken bei ihren hoch riskanten Geschäften nicht zu stören. Hellwig stellte eine extreme Forderung auf, die heute noch herausragt: 20 bis 30 Prozent Eigenkapital und damit ein Vielfaches von früher sollen die Banken halten, damit sie Krisen allein überstehen können.

Die Bankenkrise war wie gemacht für einen, der das ökonomische Flunkern nicht mag. Wirtschaftstheorie sei vor allem eine »Verstehenswissenschaft«, erklärt Martin Hellwig. Aber aus Verstehen werde schnell eine »Ingenieursidee« abgeleitet – also ein praktisches Verfahren, eine Routine. Und die verselbstständigt sich dann, ohne dass genau geprüft wird, ob die Theorie überhaupt in die Wirklichkeit übertragen werden kann.

Wenn die Konjunktur nicht läuft, gibt der Staat eben mehr aus. Das war die Ingenieursidee, die aus den Arbeiten des britischen Vorkriegsökonomen John Maynard Keynes entwickelt wurde und die Wirtschaftspolitik nach dem Zweiten Weltkrieg beherrschte.

Wenn das Wachstum ausbleibt, muss dereguliert werden. Das war die Gegenempfehlung von Milton Friedman, die sich in den achtziger Jahren durchsetzte. Immer wieder droht die Debatte von einer Seite gekapert zu werden. Das hat mit Moden und politischer Macht zu tun, aber auch damit, wer die Forschung bezahlt.

»Ich bin viel zu sehr Skeptiker, um an irgendetwas als Allheilmittel zu glauben«, ist Martin Hellwigs Credo. In vielen wirtschaftlichen Debatten hat er etwas gefunden, das nicht stimmt, auch in den ganz großen. Lange schon stört ihn die Religion der Effizienz – dass also die allgegenwärtige Forderung, Wirtschafts- und Sozialpolitiker sollten nach Effizienz streben, zu einer Art Gesetz wurde. Tatsächlich, so Hellwig, würden dadurch Verteilungsfragen verdrängt. Indirekt werde so getan, als ob bei den angeblich effizienzsteigernden Maßnahmen die Verlierer entschädigt werden, aber tatsächlich käme es nicht dazu.

Wie bringt man Ehrlichkeit in die Wirtschaftsdebatte? In der Bankendebatte hat Martin Hellwig mit großem Einsatz versucht, die Diskussion zu entideologisieren und Interessen aufzuzeigen. Der Professor glaubt schon, dass er die Ergebnisse der eigenen Forschung öffentlich zur Geltung bringen kann. Doch er sagt auch: »Das ist eine Sisyphus-Arbeit – man muss immer wieder von vorne anfangen.« Seiner Ansicht nach kann man die Debatte nur dauerhaft korrigieren, wenn man sie immer wieder führt, gegen Täuschungsmanöver angeht, falsche Behauptungen widerlegt. Die Gegenseite schläft nicht.

Das klingt anstrengend. Doch die Debattenarbeit ist nötig, sonst entsteht bei denen, die noch zuhören, ein Gefühl des Verlorenseins. »Wenn wir von Effizienz reden und die Verteilungsfragen verdrängen, nehmen die Betroffenen das als Unterdrückungsdiskurs wahr«, sagt Martin Hellwig. Erhebliche Teile der Bevölkerung gewinnen dadurch den Eindruck, dass die Debatte ihnen und ihrer Erfahrung einfach nicht gerecht wird. Und dieses Gefühl lässt sie empfänglich werden für populistische Positionen mit zweifelhaftem Wahrheitsgehalt. Dann wittern die Menschen allerorten Überheblichkeit und Ideologie.

Dann ist es erst recht schwer, zu unterscheiden zwischen echten und falschen Feinden. Und es werden Mechanismen zu Feinden erklärt, die eigentlich Wohlstand erzeugen. Doch was – unter Wahrung von Klimaschutz und Menschlichkeit, natürlich! – Wohlstand schafft, ist nicht der Feind eines integrativen Kapitalismus. Vielmehr gehört es zur Grundlage einer liberalen Demokratie, der die Menschen sich zugehörig fühlen können.

Es ist also nicht die Globalisierung, die Industriegesellschaften zerbrechen lässt. Das sind schon die Industriegesellschaften selbst mit ihrer Art, auf die internationalen Entwicklungen zu reagieren. Und sie sollten sich nicht täuschen: Globalisierung bleibt nicht stehen, jenseits von Protektionismus und Nationalismus verändert sie schon längst wieder ihre eigenen Regeln.

Jetzt erreicht die Computerisierung den Kern der industriellen Wirtschaft. »Industrie 4.0« heißt: Die herstellenden Firmen vernetzen sich mit Entwicklern, Zulieferern, Kunden, und in ihren Fabrikhallen verändert sich die Herstellung, weil geschickte Roboter ans Werk gehen. All das revidiert die Grundgleichung der Globalisierung, die da hieß: Wenn die Hersteller dorthin gehen, wo gute Arbeit billig zu haben ist, dann gewinnen sowohl sie als auch ihre Kunden. Die Logistik war da schon kein großer Kostenfaktor mehr, weil Containerschiffe die Einzelteile und Endprodukte billig um die Erde schippern. Und Computernetze erlaubten es Konzernen, ihre Produktion über die ganze Welt zu verteilen und auf diese Weise die Kostenrechnung zu optimieren. Aus dieser Logik heraus begann Nike seine Turnschuhe und später Apple seine iPhones in Fernost zu fertigen. Wem China zu teuer wurde, der ging nach Vietnam, wo billigere Arbeiter in den gleichen Wellblechgebäuden dieselben Handgriffe verrichteten.

Dieses Modell ist ausgereizt und wie alle Managementmoden auch überreizt worden. Die Planer in den großen Unternehmen suchen neue Formen der Optimierung. Und dazu gehört es in wachsendem Maße, Produktionen zurückzuverlagern. In Umfragen erklären viele europäische Industriemanager, dass sie einen Teil der Herstellung zurück in die Heimat holen wollen.

Das ist weniger eine Reaktion auf Protektionismus als vielmehr auf technische Möglichkeiten, kann sich aber auch ergänzen: Die Produktion geht dorthin, wo die Produkte gebraucht werden und wo man sie immer stärker auf den einzelnen Kunden zuschneiden kann. Führende

Transportkonzerne wie UPS experimentieren schon mit 3-D-Druckern in ihren Filialen oder Luftfahrtzentren: Kundenfirmen müssen in diesem Szenario keine Ware mehr weithin schicken, sondern nur noch die Blaupause in Form von Software. Dann fertigen die immer filigraneren Gussmaschinen Bauteile für Industriekonzerne genauso an wie Modelle für Architekturbüros. Auch die westlichen Sportschuhfirmen versuchen 3-D-Drucker einzusetzen. Adidas zum Beispiel strebt an, dass sich Kunden den Fuß vermessen lassen, damit ein solcher Drucker dann die individuell beste Mittelsohle direkt im Laden herstellt.

Welch ein Symbol für die Abkehr von der Globalisierung, wie wir sie zu kennen glaubten. »Es ist zu erwarten, dass sich durch die intelligenten Technologien die internationale Arbeitsteilung neu sortieren wird«, erklärt die Wirtschaftsforscherin Dalia Marin von der Ludwig-Maximilians-Universität in München. Möglich also, dass die Industrie verstärkt zurückkehrt – die Frage ist nur, womit. Mit Hallen voller Drucker? Mit Roboterfabriken? Mit Dienstleistungsfirmen, die ihre Börsenanalysen oder Krankenuntersuchungen von Algorithmen anfertigen lassen? Oder doch mit individualisierten Fertigungen, bei denen sich Mensch und Maschine ergänzen?

Der Punkt ist: Die Weltwirtschaft bleibt nicht stehen bei dem alten Bild, das wir von ihr haben. Wer da verspricht, er könne den heimischen Wohlstand durch pure Verteidigung und Abschottung sichern, der – pardon! – lügt. Aber wer den Wandel für Wohlstand nutzt, der gewinnt.

Während der alten Globalisierung, die in den achtziger Jahren fast zeitgleich mit dem chinesischen Aufbruch begann, sah Deutschland zeitweise wie ein Opfer aus, der kranke Mann Europas eben. Doch wie Dalia Marin klarstellt: »Diese Furcht hat sich nicht bestätigt.« Man sparte kräftig Kosten mit dem Produzieren in Fernost, gewann dadurch weltweit neue Märkte und stellte schließlich über die Mehrproduktion auch mehr Menschen in der Bundesrepublik selbst ein.

Das ist die deutsche Erfahrung. Der Feind ist nicht der Weltmarkt, der Feind ist nur die Art, wie zu Hause mit dem Resultat umgegangen wird. Die Gesellschaft ist nicht auseinandergedriftet, weil neuer Wohlstand entstand, sondern weil manche Gruppen wie Banker und Topmanager riesige Margen ergatterten und andere keinen Mehrwert erzielen konnten.

Weil der Sozialstaat nicht auf die neue Verteilung von Gewinnern und Verlierern reagierte und zum Beispiel zugelassen hat, dass die Hürde aus Steuern und Sozialabgaben für Teile der Mittelschicht den Weg zu mehr Wohlstand abschneidet. Weil der Staat die Steuerflucht lange tolerierte – bei wohlhabenden Individuen genauso wie bei Konzernen.

Der Fehler liegt also nicht in der Globalisierung, weder in ihrer vergangenen noch in ihrer sich heute abzeichnenden Form. Der Fehler ist nicht, sich auf die wohlstandsmehrende Welt des Marktes einzulassen, sondern die Spaltung zuzulassen.

Oft gewännen vor allem die extrem Flexiblen ganz viel, die weniger Beweglichen und Älteren aber nichts, erklärt Armin Falk. Dabei dürfe es nicht bleiben: »Eine effiziente Verbesserung ist es erst, wenn die Allermeisten gewinnen.« Hier wird der Gedanke der Effizienz umformuliert im Sinne der liberalen Gesellschaft – und gegen Zorn und Populismus.

Kapitel 3

Das globale Umdenken
Wie entschädigt man die Verlierer?

Das jährliche »Gipfeltreffen« des World Economic Forum in Davos ist ein Jahrmarkt des Geldes und der Eitelkeit, der Konzerne und der großen Politik, der Weltretter und Philanthropen. Man kann das Meeting mögen, weil die Betreiber eine große Vielfalt von Rednern engagieren und mit immer neuen Formaten und Themen versuchen, der Gegenwart näher zu kommen. Und man kann es weniger mögen, weil es eben doch oft dominiert wird von Big Money und seinen Marketingtalenten.

Eines kann man dem fünftägigen Treffen in den Schweizer Bergen jedenfalls nicht absprechen: Dort zeichnet sich für das laufende Jahr ab, worum es in den Köpfen der führenden Leute vorrangig geht. Natürlich, was in dem einen Jahr interessierte, kann zwei Jahre später schon wieder »out« sein: Manche Beobachter behaupten sogar, dass das, was in Davos ein Hype ist, künftig zwangsläufig bedeutungslos sein wird. Doch bei aller Unstetigkeit der Mächtigen, Reichen und manchmal auch Schönen: Erst einmal ist das Thema da, es bewegt viele, und die anderen müssen sich dazu verhalten.

Im Januar des Jahres 2017 war dieses Thema eine Frage: Wie entschädigen wir die Verlierer der Globalisierung? Das heißt, es ist bis zum obersten Establishment vorgedrungen: Die liberale Demokratie steht unter Beschuss, und mit ihr ist das System vom »Davos Man« gefährdet, der offene und nahezu weltweite Kapitalismus. »Davos sucht Mittel, um die Welt gegen die Populisten zu verteidigen«, titelte der amerikanische Nachrichtenkonzern Bloomberg zutreffend aus den Alpen.

Jedes Treffen, auch das wichtigste, hat seine Leitfiguren. In Davos gehört dazu Christine Lagarde, die französische Chefin des Internationalen Währungsfonds, Vorreiterin der globalen Frauenbewegung und Sprecherin für eine gerechtere Weltwirtschaft. Und sie sagte es im Plenum ebenso wie in zahlreichen Interviews: Die Weltwirtschaft müsse sich um die Verlierer in den Industrieländern kümmern. »In Zeiten von geringerem Wachstum, mehr Ungleichheit und viel mehr Transparenz der Verhältnisse haben Sie alle wichtigen Bestandteile für eine Krise der Mittelklasse in den entwickelten Volkswirtschaften«, warnte sie die Zuhörer im Plenum des Forums.

Für Lagarde wie für die allermeisten Anwesenden ist es natürlich keine Lösung, der Globalisierung den Rücken zu kehren. Schließlich sind sie die führenden Vertreter und oft auch größten Profiteure des offenen Systems. Die Verlierer bräuchten deutlich mehr Aufmerksamkeit, erklärte Lagarde stattdessen. Zu viele Menschen hätten das Gefühl, ihr Schicksal nicht mehr selbst in der Hand zu haben, und das sei überaus gefährlich fürs große Ganze.

Also müssten die Politiker herausfinden, wo genau es weh tut. Wen man wie aus- und weiterbilden müsse. Wie sich das Bildungssystem ändern solle. Alles, um zu erreichen, dass der Wohlstand aus der Weltwirtschaft bei allen ankommt: »Politiker müssen das Signal jetzt aufnehmen und intensiv darüber nachdenken, wie sie auf die öffentliche Unzufriedenheit antworten. Die Antwort muss konkret und sichtbar sein, sie muss regional unterschiedlich sein, sie muss darauf ausgerichtet sein, welche Vorteile Menschen von ihr haben.«

Im Jahr 2017 traf die Französin den Zeitgeist der Einflussreichen – ganz anders als vier Jahre zuvor. Damals war ihre Warnung, zu viel Ungleichheit schaffe eine Klasse der Unzufriedenen, ungehört verhallt, wie sie den Teilnehmern nun mit einer gewissen Verbitterung vorhielt: »Ich weiß nicht, warum die Leute damals nicht zugehört haben. Aber ich habe wirklich einen starken Gegenwind bekommen, vor allem von Ökonomen, die sagten, es sei nun wirklich nicht ihre Aufgabe, sich über solche Dinge Sorgen zu machen.«

Jetzt jedoch sorgt sich die globale Elite ernsthafter um die Grundlage ihres Seins. Und Mainstream-Ökonomen beginnen zu überlegen, wie man den Zukurzgekommenen am besten beispringt.

Washington: Maurice Obstfeld ist der angesehene Chef-forscher des Internationalen Währungsfonds und als solcher auch der Mann, der Christine Lagarde berät. Der Welthandel sei in Gefahr, schrieb er Ende 2016 in einem Grundsatzstück. Die meisten Regierungen hätten nicht si-chergestellt, dass die Früchte von Handel und Wachstum in der Breite der Bevölkerung auch ankommen. Als dann viele Volkswirtschaften stagnierten, hätte das die Frus-trationen zum Kochen gebracht. Heute, da das Wachstum vielerorts verhalten und die Arbeitslosigkeit noch hoch ist, bräuchten die Völker die Gewinne aus dem Handel mehr denn je, analysiert Obstfeld – und doch drohe ge-rade jetzt der Protektionismus. »Die Länder müssen diese Gewinne schützen und vergrößern durch eine Politik, die sie gleicher verteilt als bisher«, fordert er.

Es lohnt sich, dem IWF-Ökonomen ein Stück zu folgen, um zu sehen, wie weit die Debatte wirklich ist. Unverblümt beschreibt er, wie der Handel die Einkommensverteilung in einem Land auseinanderreißen kann. Unterstützt wer-de diese Wirkung noch von technologischen Neuerungen. Handel und Technologie wirkten in dieselbe Richtung, so Obstfeld. »Es ist keine Überraschung, dass technologische Fortschritte die Einkommen genauso umverteilen können wie Handel.«

Beide Kräfte steigern die Produktivität, was nichts ande-res bedeutet, als dass dann oft für dieselbe Wirtschaftsleis-tung weniger Leute gebraucht werden. Mithin rauben sie einem Teil der, meist geringer qualifizierten, Arbeitnehmer ihren Marktwert. Nicht, dass es dadurch insgesamt weniger Arbeit geben muss – schließlich entsteht durch höhere Produktivität auch mehr Wachstum insgesamt. Doch die neuen Jobs für die Entlassenen sind oft schlechter bezahlt als die alten – oder werden ohnehin von anderen Arbeitnehmern erledigt.

Bei dieser ganzen Entwicklung verstärken sich Globalisierung und Technisierung noch gegenseitig: Neue Technologie kommt schneller, wenn sie weltweit angewendet werden kann, und technologische Durchbrüche wie das Internet erlauben es, den Welthandel auszuweiten. Die Kraft des Wandels nimmt also noch zu, was einen Teil der Bevölkerung wohlhabender werden lässt, aber auch die Zerstörung der Lebensbasis vieler Arbeiter und Angestellter in der (unteren) Mittelschicht vorantreibt.

Was also tun, wenn man diese sich selbst befeuernde Wohlstandsmaschine nicht abschalten will? Maurice Obstfeld verweist auf einen kanadischen Politikansatz und unterscheidet zwischen Sicherheitsnetz und Trampolin. Demnach fängt das soziale Netz die Menschen in Not durch Arbeitslosenunterstützung und andere Transfers auf. Das Trampolin schafft es dagegen, dass diese Menschen zum nächsten Job springen können – durch Beratung, Weiterbildung, Umschulung.

Das gibt es doch längst in allen Industrieländern, will man entgegnen. Doch Obstfeld denkt an umfangreichere Anstrengungen. Die Länder sollten in Bildung und Infrastruktur investieren, in Gesundheit und günstigen Wohnraum, viel Freiraum für neu gegründete Firmen und funktionierende Finanzmärkte. All das soll die Volkswirtschaft reaktionsschneller machen und es den Verlierern erlauben, zügig den Weg in eine neue Anstellung zu finden. Auch das Sicherheitsnetz soll gestärkt werden, etwa durch eine bessere Versicherung nicht nur gegen Jobverlust, sondern auch gegen Lohneinbußen, wenn die eigene Stelle gestrichen und eine neue, schlechter bezahlte angetreten wird. Und der Staat soll den Lohn subventionieren, wenn Firmen Arbeitnehmern, deren Job gestrichen wurde, eine neue Stelle anbieten.

Alles für die Verlierer: Obstfeld fordert nicht nur mehr Transfers, sondern auch progressivere, also stärker an den Reichen orientierte Steuern, um diese Transfers zu finanzieren.

Wer hätte das gedacht vom Internationalen Währungsfonds, der lange den freien globalen Markt und die Liberalisierung verfochten hat? Verlierer kamen in diesem Modell nicht vor.

Ein Umdenken fand zunächst einmal in der Entwicklungspolitik statt. Ähnlich wie seine Schwesterorganisation, die Weltbank, gesteht der Fonds seit Längerem Schwellen- und Entwicklungsländern unorthodoxe Maßnahmen zu. Beispielsweise ist es kein Problem mehr, wenn diese Länder kontrollieren, wie viel und welches Kapital über ihre Grenzen hereinkommt oder hinausgeht. Dabei galt das jahrzehntelang als große Sünde wider die Marktwirtschaft.

Neuerdings beklagt der Internationale Währungsfonds das Ungleichgewicht zwischen den Arbeitseinkommen und den Vermögen in der industrialisierten Welt. Wenn der Anteil der Arbeitnehmer am Wohlstand sinkt und der Anteil der Vermögenden steigt, geht demnach die Balance verloren. Daher wird ganz offiziell überlegt, mehr Geld umzuverteilen. Vorsichtig, aber deutlich stellt der Weltwirtschaftsbericht des IWF fest: »Längerfristig angelegte Maßnahmen zur Umverteilung könnten erforderlich sein.«

Paris: Damit ist der Fonds nah dran an der OECD. Die Industrieländerorganisation mit Sitz in der französischen Hauptstadt kritisiert, dass die Armen zu wenige Aufstiegschancen haben und ihnen gleichzeitig zu viele Abgaben aufgehalst werden. Und sie forderte bereits Mitte des Jahrzehnts: »Die Politik muss dafür sorgen, dass Reichere und multinationale Unternehmen ihren Teil der Steuerlast tragen.«

Es besteht kein Zweifel mehr: Der ökonomische Mainstream bewegt sich nach links und wendet sich den »Verlierern« zu. Aus Angreifern auf die Verkrustungen in der Weltwirtschaft werden Bewahrer der Globalisierung.

London: Der erfolgreiche Vermögensverwalter Gavyn Davies hatte schon einige bemerkenswerte Jobs in seinem Leben: Chefökonom bei Goldman Sachs, Vorsitzender der BBC, Wirtschaftsberater der britischen Regierung, Gastprofessor an der London School of Economics. Jetzt fragt er in der *Financial Times*: »Wie sollten wir die Verlierer der Globalisierung entschädigen?«

Unter Ökonomen sieht er einen neuen Konsens entstehen. »An der herrschenden Überzeugung, dass freier Handel und Globalisierung gut für die Gesellschaft insgesamt sind, hat sich (fast) nichts geändert«, schreibt Davies. »Aber jetzt ist es ungleich akzeptierter als früher, dass der Wandel viele Verlierer haben kann, dies auch lange andauert und sich politisch manifestiert.« Und weiter: »Der neue Konsens sagt, dass die Gewinne aus der Globalisierung nur verteidigt und vergrößert werden können, wenn die Verlierer von den Gewinnern entschädigt werden. Sonst werden die politischen Widerstände gegenüber der Globalisierung die Gewinner überwältigen, obwohl diese weiterhin in der Mehrheit bleiben.« Mit anderen Worten: Die Minderheit der Verlierer ist so zornig, dass sie die ganze Gesellschaft in Nationalismus und Abgrenzung mitzieht.

Davies' Bemerkung ist leicht überzogen, weil es in Wahrheit noch viele traditionelle Ökonomen links und rechts gibt, die entweder von Kompensation nichts wissen wollen oder aber grundsätzlich für Umverteilung sind, Globalisierung hin oder her. Beide Seiten halten wacker an ihren alten Weisheiten fest. Aber Gavyn Davies trifft den Trend.

Bloß weiß auch der Brite: Spätestens nach dem allgemeinen Appell ist der Konsens sofort wieder zu Ende, jeder stellt sich eine andere Politik vor. Und zwar oft am liebsten diejenige, die er sich schon immer vorgestellt hat. Peter Bofinger zum Beispiel, der Linksaußen im deutschen

Sachverständigenrat, fordert unter der Überschrift »Entschädigt die Verlierer der Globalisierung!« internationale Kooperation im Kampf gegen Steuerdumping und eine Investitionsoffensive im Euroraum. Sorry, aber das ist keine neue Antwort, und sie zielt auch nicht genau auf die Probleme der Globalisierungsverlierer.

Allerdings ist es auch überaus schwierig, gezielt Verlierer der Globalisierung zu entschädigen. Das zeigt schon die erste Frage, die einem in den Sinn kommt: Wie unterscheidet man zwischen den Opfern der Globalisierung und denjenigen, die aus anderen Gründen Pech hatten – zum Beispiel weil sie sich nicht genug angestrengt oder die falschen Entscheidungen getroffen haben?

Eine erste Näherung wäre diese: Die Verlierer konzentrieren sich in bestimmten Industrien – jenen nämlich, die viel Konkurrenz durch Importe erfahren. Und sie konzentrieren sich in bestimmten Landstrichen, oft in den »Ruhrgebieten« der Länder, wo einst die Schwer-, Elektro- oder Textilindustrie zu Hause war. Also müsste der Staat dort seine Hilfe konzentrieren oder mehr Trampoline aufstellen. Allerdings haben die Staaten das auch schon versucht und sind mit ihrer Hilfe zum Strukturwandel oft gescheitert.

Der kanadische Ökonom und Ungleichheitsforscher Jonathan Ostry, ebenfalls beim Internationalen Währungsfonds, will nicht bloß die Folgen des Freihandels, sondern auch die der Migration abmildern. Also schlägt er zusätzlich noch eine Näherung vor: »Die Entschädigung für mögliche Verlierer könnte ausgeweitet werden auf solche Teile der Wirtschaft, in die viele ausländische Arbeiter kommen.« Dort würde der Staat dann die Arbeitslosen stärker unterstützen und neue Jobs subventionieren. Offensiv durchgeführt, wäre das neu, aber ebenfalls schwierig. Der Zorn von Arbeitslosen in anderen Teilen der Wirtschaft wäre dem Staat gewiss.

Ein anderer Lösungsansatz wäre es, eine Versicherung gegen Lohnverlust durch erzwungenen Jobwechsel zu schaffen. Bei Maurice Obstfeld ist das der originellste Gedanke. Bloß gab es ihn auch schon vor 15 Jahren in den USA. Damals schlugen Forscher eine »Wage Insurance« vor, um Arbeiter und Angestellte zu entschädigen, deren Jobs im Freihandel verloren gingen. Der Grund: Die Skepsis gegenüber neuen Handelsabkommen war schon damals so groß, dass Präsidenten vom Parlament kaum noch ein Verhandlungsmandat erhielten. So richtig vom Fleck ist die Idee nicht gekommen.

Gavyn Davies sucht nach Vorschlägen, die sowohl volkswirtschaftlich Sinn ergeben als auch politisch machbar erscheinen. Aber die seien bestenfalls in einer »embryonalen Phase«, schreibt er – und hat wahrscheinlich recht. Gleichwohl wird die Wiedergutmachung für die Verlierer vielerorts beschworen. So lautstark sogar, dass sich Harold James schon Sorgen macht. Der berühmte britische Wirtschaftshistoriker warnt, der Kompensationsversuch durch Transfers könne nach hinten losgehen. Etwa bei der sogenannten aktiven Arbeitsmarktpolitik, die neue

Jobs herbeifinanziert: Leute, die dafür bezahlt werden, bedeutungslose Arbeit zu verrichten, würden sich nur noch mehr von der Gesellschaft entfernen, lautet das Argument. Und Regionen, die subventioniert werden, nur weil sie gegenüber anderen verlieren, könnten mehr Autonomie verlangen – und dann umso verbitterter reagieren, wenn sich die Bedingungen bei ihnen nicht verbesserten.

Weit sind die Entschädigungsvorschläge also noch nicht gediehen. Und selbst wenn man die Verlierer der Globalisierung zweifelsfrei identifizieren könnte, gewinnt man sie nicht unbedingt zurück, indem man ihnen besondere Hilfe gewährt. Die kann auch einfach wirken wie ein Opferstempel.

Das Hauptproblem bei der ganzen Kompensationsstrategie aber ist, dass die Industrieländer furchtbar spät dran sind. Eine Entschädigung wirkt nur überzeugend, wenn sie schnell auf den Schadensfall folgt. Daher sollten wir uns nicht auf die früheren, sondern auf die künftigen Verlierer konzentrieren, die von der Technisierung in Mitleidenschaft gezogen werden, und wirksame Arbeitsmarktprogramme für sie entwickeln, meint der Washingtoner Wirtschaftsprofessor Danny Leipziger. Doch selbst wenn einschlägige Programme eine Wirkung entfalten sollten, weiß niemand genau, wo die Technologie die Jobs angreift. Alle Prognosen über die konkreten Auswirkungen der digitalen Revolution erweisen sich erfahrungsgemäß schnell als überholt. Das war schon in den neunziger Jahren so, als vorhergesagt wurde, im Zeitalter des Internet würden mehr und mehr Menschen ihre Arbeitskraft als Ich-Unternehmer von zu Hause anbieten. Es kam nicht so. Heute geht es eher darum, welche Job-Arten und welche Branchen als Erste hinweggefegt werden. Dabei zeigt sich immer wieder: Technikrevolutionen ändern spontan ihre Richtung, manche Entwicklung hebt über Nacht ab, während andere einfach nicht vom Fleck kommen. Die Idee, hier vorausschauend Programme für neue Jobs aufzulegen, erweist sich bei näherem Hinsehen eher als krude Planwirtschaft denn als kluge Wirtschaftspolitik.

Man kommt kaum um die Erkenntnis herum, dass die Entschädigungsdebatte ihre Tücken hat und auch etwas hohl ist. Der größte Fehler vieler Industrieländer war weniger, dass sie die Verlierer nicht zielgenau entschädigt haben. Das scheint nach heutigem Stand fast unmöglich. Falsch war vielmehr, dass die Liberalisierung der Wirtschaft, die überhaupt erst die Dynamik auslöste, nicht umgehend begleitet wurde von einer Politik der Fairness. Ein berühmtes Beispiel ist vierzehn Jahre alt.

Berlin 2003: Deutschland hat rund fünf Millionen Arbeitslose, und es werden immer mehr. Die Volkswirtschaft kommt seit Jahren nicht vom Fleck und wird als sklerotisch beschrieben. Im deutschen Bundestag stellt Bundeskanzler Gerhard Schröder seine Agenda 2010 vor. Es ist nicht weniger als eine Neuformulierung der Sozialen Marktwirtschaft, die der Sozialdemokrat da vorträgt. »Wir werden, meine sehr verehrten Damen und Herren, Leistungen des Staates kürzen, Eigenverantwortung fordern und mehr Eigenleistung von jedem einzelnen abfordern müssen«, erklärt der Basta-Kanzler mit entschiedener Miene.

Gerhard Schröder, und mit ihm die schwarz-gelbe Opposition, will mehr Druck auf Arbeitslose ausüben und den Arbeitsmarkt flexibilisieren. Der Kündigungsschutz soll verringert werden, befristete Arbeit leichter zu organisieren sein. Die langfristige Hilfe für Arbeitslose soll auf das Niveau der Sozialhilfe sinken, das auskömmlichere Arbeitslosengeld für diejenigen, die neu arbeitslos werden, soll – gerade auch für ältere Menschen – nicht mehr so lange bezahlt werden wie zuvor. Das heißt, Arbeitslose rutschen schneller in die Hilfe, und wenn sie diese dann erhalten wollen, müssen sie eventuell erst einmal einen Teil ihres aufgebauten Vermögens veräußern oder sogar in eine billigere Bleibe umziehen. Sie geraten in das System, das Hartz IV heißen wird.

All das ist starker Tobak für die Deutschen, und Schröder weiß es. Er sagt, was man so sagt in solch einer Situation: Er wolle keinen Abbau des Sozialstaates, sondern einen Umbau. Auf diese Weise könnten die Lohnnebenkosten zum Wohle aller Arbeitnehmer sinken. Als die Abgeordneten seiner Partei nur sehr verhalten klatschen, gibt er zu, dass die Maßnahmen auch bei ihm selbst »keine Begeisterung« auslösten, aber leider müssten sie sein. Außerdem versucht er Skeptiker auch mit einer Bemerkung zu beschwichtigen, von der er eigentlich wissen muss, dass sie nicht stimmt. »Alle Kräfte der Gesellschaft werden ihren

Beitrag leisten müssen«, beruhigt Schröder seine Zuhörer, »Unternehmer und Arbeitnehmer. Freiberuflich Tätige und auch Rentner.« Tatsächlich werden viele Unternehmer und auch Arbeitnehmer in sicheren Beschäftigungsverhältnissen uneingeschränkt von der Agenda profitieren. Aber egal, Schröder macht eine gute Figur. Am Ende der historischen Rede erhält er sogar Ovationen von der eigenen Partei, die das Paket erst einmal wacker mitträgt.

Es ist der Startschuss für den größten gesellschaftlichen Streit in der jüngeren Bundesrepublik. Schnell entdecken die Deutschen, was diese Reform bedeutet. Und weil die Arbeitslosigkeit steigt und steigt, fühlen sich viele Bürger, Arbeitslose und Arbeitende, in ihrer Existenz bedroht. Die Wut auf den Bundeskanzler wächst. Zwei Jahre später, als der Kern der Agenda gerade erst umgesetzt worden ist, sieht er keinen anderen Ausweg, als Neuwahlen herbeizuführen. Im Frühherbst 2005, nach einem fulminanten Wahlkampf, verliert Gerhard Schröder seine Kanzlerschaft ganz knapp an Angela Merkel und Schwarz-Gelb. Und aus der Wut über die Agenda steigt wie ein Phönix die Linkspartei hervor.

Da hat sich die Wirtschaft schon gedreht, doch leider wirkt sich das noch nicht auf die Zahlen und vor allem nicht auf das Erleben der Bundesbürger aus. Ein Jahr später wird man klarer sehen: 2005 ist das Jahr der Konjunkturwende, endlich. Mit der Agenda kehrt das Wachstum zurück, die Arbeitslosigkeit sinkt, es gibt weniger Arme, die Ungleichheit wächst nicht mehr. Dafür sei doch gar nicht die Agenda verantwortlich, werden die Linken später behaupten. Doch das ist höchst unwahrscheinlich. Tatsächlich führten der neue Druck und die neuen Möglichkeiten am Arbeitsmarkt dazu, dass mehr Menschen eingestellt wurden – erst befristet und dann, als die Wirtschaftsführer wieder Vertrauen fassten, zunehmend in dauerhaften Arbeitsverhältnissen. Es war nicht Hartz IV allein, das den Wandel brachte. Arbeitgeber und Arbeitnehmer erreichten in ihren pragmatischen Verhandlungen, dass Arbeit im Vergleich zum Ausland billiger wurde und effizienter eingesetzt werden konnte. In vielen Branchen vereinbarten sie atmende Arbeitszeiten und moderate Lohnerhöhungen. All das war Teil des Erfolges.

Doch der entscheidende Punkt ist hier ein anderer. Gerhard Schröder tat das Richtige, eine Reform wie die seine hat kein bundesdeutscher Regierungschef in den vergangenen fünfzig Jahren gewagt. Und doch grollte ein Teil des Volkes seiner Agenda, und dieser Zorn verflog auch nicht mehr, als Schröder selbst schon privatisierte und im Aufsichtsrat von Wladimir Putins Ostseepipeline namens Nord Stream saß.

Was hat der Mann also falsch gemacht? Am ehesten das: Schröders Plan fehlte ein zweiter Teil. Seine Agenda übte im Wesentlichen Druck aus auf die untere Mittelschicht mit ihren Arbeitern und einfachen Angestellten, vorübergehend Beschäftigten und gerade Geschassten. Sie bekamen auf der Habenseite nicht viel mehr als das Versprechen, die Bundesagentur für Arbeit werde sie »fördern«, und die vage Hoffnung auf einen Job. Die positiven Folgen des Aufschwungs bekamen sie erst nach und nach zu spüren. Schließlich entstanden die neuen Arbeitsplätze wie immer erst einmal langsam, während die Agenda 2010 die Produktivität der deutschen Wirtschaft schon kräftig steigen ließ, und davon profitierten zuallererst die Kapitalbesitzer, dann Manager und Akademiker.

Schröders Fehler war ja nicht, dass er für Wohlstand sorgte, sondern höchstens dass er die Begleitängste nicht ernst nahm. Der Kanzler hatte keine Antwort für diejenigen, die erwarteten, zu den Verlierern zu gehören. Sehr wohl hätte er sagen können: »Ich weiß, die Idee von der Chancengleichheit für alle Bürger hat sich als deutsche Lebenslüge erwiesen. Von unten ist heute kaum ein Durchkommen in dieser Gesellschaft. Nun flexibilisieren wir den Arbeitsmarkt noch und üben weiteren Druck aus. An dieser Stelle müssen wir also auch mehr tun, damit alle eine Chance erhalten, und die Wohlhabenden, die als Erste von einer deutschen Wende profitieren werden, müssen ihren Teil dazu beitragen.«

Um der Wahrheit die Ehre zu geben: Tatsächlich geschah im Rahmen der Agenda auch etwas in dieser Richtung. Es gab mehr Ausbildungsangebote für Jugendliche, die Bildungsausgaben wuchsen, das Bafög wurde reformiert, und Ganztagsschulen wurden gefördert. Aber der große Wurf fehlte. Die Erhöhung der Erbschaftssteuer zum Beispiel, um die Investition für neue Chancen zu finanzieren. Oder die Senkung der manchmal prohibitiv hohen Sozialbeiträge für Niedrigverdiener. Und vor allem fehlte die passende Rhetorik dazu, die den Bürgern zeigte: Die Regierenden wissen, was sie da tun, und sie kümmern sich um uns alle.

Es fällt Menschen grundsätzlich schwer, zwei widerstrebende Dinge auf einmal zu tun, und nirgends ist es schwerer als in der Politik. Nur würden die widerstrebenden Dinge hier zusammengehören, nämlich einerseits die Bahn frei zu machen für neuen Wohlstand, andererseits schon im Vorhinein die Bedingungen zu schaffen, unter denen möglichst viele Menschen an diesem Wohlstand teilhaben können. Die Agenda 2010 war so wenig falsch wie die Globalisierung. Falsch war höchstens, wie mit den Folgen umgegangen wurde.

Natürlich ist es Spekulation zu sagen: Hätte die Politik früher an die Verlierer gedacht, wäre der Populismus nicht so stark geworden. Es klingt aber plausibel, für Schröders Agenda-Politik, die linken Zorn hervorrief, genauso wie für Merkels Flüchtlingspolitik, aus der sich rechter Zorn speiste. Auch für die Vereinigten Staaten und die Wut vieler Bürger auf das Washingtoner Establishment gibt es diese Plausibilität. Die dortigen Demokraten haben sich immer wieder mit den Gewinnern von der Wall Street in ein Boot gesetzt und die Verlierer im Innern des Landes auf den nächsten Aufschwung vertröstet. Und in Großbritannien hätten die Brexit-Befürworter in den ländlichen Gebieten wohl weniger Gehör gefunden, wenn die Politik der Regierungen Blair, Brown und Cameron sich nicht so stark auf London, seine Finanzwirtschaft und seinen Glanz in der Welt konzentriert hätten.

Es wäre eine gute Idee gewesen, die Entfesselung der Marktkräfte mit dem Bemühen um Fairness zu verbinden. Doch in der Wirtschaftspolitik geschieht eben in der Regel nur entweder das »Linke« (Umverteilung) oder das »Rechte« (Flexibilisierung). Gemischte Botschaften sind schwer zu vermitteln, Unterstützung dafür ist schwer aufzubauen. Zumindest heute, da die liberale Demokratie in Zweifel steht, muss diese Aufgabe aber bewältigt werden.

Tony Blair, der ehemalige Anführer von »New Labour« in Großbritannien, Premier, Reformer, Irakkrieger, hat keinen guten Ruf in seinem eigenen Land. Aber das hindert ihn nicht daran, sich gegen den Brexit zu wehren und darüber nachzudenken, wie der Populismus zu besiegen ist. Seine Antwort lautet: »Die politische Mitte muss zusammenhalten.« In der *New York Times* führte er im Frühjahr 2017 aus, was er meint: »Heute ist der Unterschied zwischen Öffnung und Abschottung oft wichtiger als der zwischen links und rechts.« Die Weltoffenen sehen die Globalisierung demnach als eine Chance, die zu ergreifen ist, wobei man ihre Folgen abmildern muss. Dagegen verstehen die eher Engstirnigen die Welt da draußen als Bedrohung. Dieser Unterschied zieht sich quer durch die traditionellen Parteien links und rechts von der Mitte. Also müssen sich die progressiven Kräfte über die alten Parteigrenzen hinweg zusammentun. Noch einmal Blair im O-Ton: »Damit die liberale Demokratie überlebt und gedeiht, müssen wir eine neue Koalition bauen, die populär ist, nicht populistisch.«

Gut gebrüllt, britischer Löwe. Die Antwort sollte jedenfalls allgemeiner ausfallen, als es die weit verbreitete Losung des Jahres 2017, »Entschädigt die Verlierer«, vorsieht. Es sind die Populisten, die arbeitslosen Industriearbeitern oder verarmten Bauern nicht weniger als die Rückkehr ihrer Arbeit oder ihres Wohlstandes versprechen. Und im Einzelfall können sie das Versprechen sogar erfüllen, wenn sie ausländische Wettbewerber aussperren oder heimische Unternehmen, die im Ausland produzieren, mit Drohungen und Subventionen dazu bringen, wieder mehr zu Hause herzustellen.

Jedenfalls ist es ungeheuer schwer, bei der Wiedergutmachung im Einzelfall mit den Populisten zu konkurrieren. Nahezu unmöglich wäre es, diese Kompensation quer über die Volkswirtschaft hinweg und dazu noch fair durchzuführen. Man hilft den Verlierern der internationalen Arbeitsteilung wie überhaupt den Zukurzgekommenen wohl am besten, indem man einen integrativen Kapitalismus schafft, der Wohlstand breit verteilt und nicht konzentriert. Der den Einzelnen mehrere Neustarts ermöglicht, wenn sie scheitern. Während die Reichen sich fast immer retten können, übrigens auch vor den Folgen populistischer Politik, können die weniger mobilen Normalbürger das nicht. Sie sind auf ein solches Wirtschaftssystem angewiesen – und darauf, dass Politiker der Mitte ihre (Partei-)Grenzen überwinden, um es aufzubauen.

Teil II

Die großen Spaltlinien und was sie bedeuten

Kapitel 1

Die Wahrheit über Arm und Reich
Von der Gerechtigkeit jenseits der Klischees

Irgendwann würde man gerne einen Strich unter die soziale Debatte in Deutschland ziehen und sagen: Die Ungleichheit im Land geht zurück. Oder: Die Ungleichheit im Land wächst. Doch anscheinend hört der Streit nie auf. Und gemeint ist hier nicht der ideologische Dauerdisput zwischen ganz Linken und ganz Libertären. Vielmehr gilt das auch für die Debatte im Mainstream der Experten.

Im Herbst des Jahres 2016 fochten zwei herausragende Vertreter ihres Fachs den Streit stellvertretend für zahlreiche Experten aus. Marcel Fratzscher, Chef des Deutschen Instituts für Wirtschaftsforschung in Berlin, hatte ein ganzes Buch darüber geschrieben, »warum Deutschland immer ungleicher wird«. Clemens Fuest, Chef des Münchner Ifo-Instituts, hielt in Aufsätzen dagegen, Fratzscher wehrte sich und so weiter. In der *ZEIT* trafen die beiden schließlich direkt aufeinander. Es war das High-Noon-Duell um die Gerechtigkeit.

Einigen konnten sich der Mitte-Links-Mann aus Berlin und der Mitte-Rechts-Mann aus München nur darauf, dass Protektionismus ins Verderben führt. Ansonsten aber schlugen sie sich die Fakten und Theorien um die Ohren. Fratzscher beharrte: Der Konflikt der liberalen Demokratie mit den Populisten rühre von der unfairen Verteilung her. »Die soziale Ungleichheit ist ein zentrales Problem der westlichen Welt heute. Wer das leugnet, lebt auf einem anderen Planeten.«

Fuest hielt dagegen: So schlimm sei die Ungleichheit nicht, schon gar nicht in Deutschland, der von den Populisten angeführte Aufstand gelte vor allem dem »politischen Establishment«.

Fratzscher erklärte, dass sich bei den zu erwartenden Einkommen übers ganze Leben die Ungleichheit in Deutschland verdoppelt habe und in keinem Euroland die Vermögen ungleicher verteilt seien. Fuest konterte mit anderen Zahlen: Die Ungleichheit der jährlichen Einkommen sei seit dem Jahr 2005 massiv zurückgegangen, vor allem, was die verfügbaren Einkommen angehe, und sogar wenn man die Bruttoeinkommen vor Steuern und Abgaben richtig berechne.

Aber viele Menschen weiter unten in der Einkommenspyramide hätten Einbußen bei der Kaufkraft ihrer Gehälter hinnehmen müssen, entgegnete Fratzscher. Und Vermögen hätten die unteren vierzig Prozent der Bundesbürger ohnehin im Schnitt nicht, ja, die untersten zwölf Prozent hätten sogar mehr Soll als Haben.

So ging es hin und her. Fratzscher fand, der Niedriglohnsektor sei zu groß. Acht Millionen Menschen, darunter viele Arbeitnehmer, erhielten in der Bundesrepublik eine soziale Mindestsicherung. Fuest hielt es dagegen für lobenswert, dass Millionen neuer Jobs entstanden sind und der Staat am unteren Ende der Lohnskala etwas dazugibt. Aber doch nicht wenn die Kinder armer Leute kaum Chancen hätten, nach oben zu kommen, konterte sein Gegner: »Das Einkommen eines Menschen ... hängt zur Hälfte vom Einkommen und dem Bildungsgrad der Eltern ab.«

Das Gespräch lief weiter, keiner bestritt die Fakten des anderen, aber es schien, als lebten sie trotzdem in verschiedenen Ländern, um nicht zu sagen: auf verschiedenen Planeten. Und doch haben beide irgendwie recht.

Erstens: Deutschland hat sich in den vergangenen zwölf Jahren tatsächlich aus dem Strudel von wachsender Armut und wachsender Arbeitslosigkeit befreit, in den es nach der Jahrtausendwende geraten war. Nicht einmal die große Bankenkrise und die darauf folgende Eurokrise konnten daran etwas ändern. Die Deutschen haben sich auf das Abenteuer größerer Flexibilität eingelassen – und es hat sich gelohnt. Weil mehr Menschen eine Arbeit fanden, hörte die Ungleichheit auf zu wachsen und ging dann leicht zurück.

Das Ergebnis: Die Einkommen, die die Deutschen am Markt erzielen, sind relativ weit gespreizt. Deutschland liegt da fast auf einem Niveau mit den Vereinigten Staaten, nahe an der Spitze der Industrieländer. Doch dann kommt der Steuer- und Sozialstaat, verteilt rund vierzig Prozent der Wirtschaftsleistung um und drückt die Ungleichheit so weit, dass die Bundesrepublik am Ende gleicher dasteht als der Durchschnitt der Industrieländer. Ein beliebtes Maß dafür ist der sogenannte Gini-Koeffizient, der die tatsächliche Verteilung mit einer imaginären Welt vergleicht, in der alle gleich viel haben. Dann liegt der Gini-Wert nämlich bei null. Hat einer alles, während alle anderen nichts haben, beträgt er hundert Prozent. Und die Realität liegt irgendwo dazwischen – in Deutschland bei 29 Prozent, weniger als beim Nachbarn Frankreich, in Großbritannien und vor allem in den Vereinigten Staaten mit 39 Prozent.

Allerdings, das gehört zu dieser Wahrheit auch dazu, scheint die positive Entwicklung an eine Decke zu stoßen. Bis zum Jahr 2012 gaben die Zahlen Anlass zu hoffen, dass der deutsche Daueraufschwung mehr und mehr Menschen aus dem Segment niedriger Löhne herausholt und dazu befähigt, sich ihren Lebensunterhalt allein zu verdienen.

Die Zahl der Hilfeempfänger im Land sank nach 2005 von über acht auf rund sieben Millionen, doch dann wendete sich der Trend, und die Zahl kletterte wieder auf die alte Höhe. Natürlich, die große Zahl der Flüchtlinge beginnt sich in dieser Sozialstatistik niederzuschlagen, ebenso trägt die Alterung der Bevölkerung dazu bei, dass mehr Rentner als früher die öffentliche Grundsicherung beanspruchen. Doch auch wenn man all dies berücksichtigt, scheint der Fahrstuhl nach oben ins Stocken gekommen zu sein.

Einerseits war das eine – gemessen an anderen westlichen Ländern recht einsame – Erfolgsgeschichte. Andererseits: Auf lange Sicht hat sich die Bundesrepublik dem Trend des Westens zu wachsender Ungleichheit nicht entziehen können. Der Gini-Wert für die Einkommen stieg seit den achtziger Jahren über zwei Jahrzehnte hinweg leicht, aber kontinuierlich an. Und auch in einem kürzeren Zeitraum, zwischen den Jahren 2000 und 2010, sank für die unteren fünfzig Prozent der Deutschen die Kaufkraft der Einkommen, über die sie verfügen konnten.

Heute noch ist ein erheblicher Anteil der Arbeitnehmer nicht besser dran als vor zwanzig oder gar dreißig Jahren. Und diese Menschen findet man vor allem in der unteren Hälfte der deutschen Geldgesellschaft. Das spiegelt sich darin, dass das mittlere Segment der Einkommensverteilung zwischen den Jahren 1983 und 2013 geschrumpft ist, während die sogenannte untere Mitte und die Gruppe der »Armen« ganz unten ebenso wuchs wie übrigens auch das oberste Segment der »Reichen«.

All das ist kein Wunder, wie Marcel Fratzscher zu belegen weiß. Er nimmt sich aus einer Gehaltsstichprobe gut verdienende Arbeitnehmer in der Mitte des oberen Viertels heraus und schlecht verdienende in der Mitte des unteren Viertels der Lohnverteilung. Und er stellt fest: Oben ist der Lohn seit 1990 erheblich gewachsen, und zwar in der Industrie ebenso wie bei Dienstleistungen. Unten aber sind Einbußen die Regel gewesen.

Auch Deutschland konnte sich dem »Elefanten« im Raum der Verteilungsanalyse also nicht entziehen. Der »Elefant« – das ist der gewagte Versuch, in einer einzigen Verteilungskurve die Entwicklung des Kapitalismus darzustellen.

Zwei Ökonomen der Weltbank, Christopher Lakner und Branko Milanović, haben die Entwicklung von Arm und Reich auf dem Planeten intensiv studiert. Ihre Analyse bietet viel Licht und einen gravierenden Schatten: Nach der industriellen Revolution waren es vor allem die Armen in den Industrieländern, die aufholten, heute sind es vornehmlich die Armen in den Entwicklungsländern, die nachziehen. Da diese deutlich in der Mehrzahl sind, hat die absolute Armut in der Weltwirtschaft insgesamt deutlich abgenommen. Und die globale Ungleichheit ist laut den Forschern »erstmals seit Beginn der Industrialisierung rückläufig«.

Das Wachstum für (fast) alle in China und anderen Schwellenländern hat eine traurige Kehrseite: Die Ungleichheit steigt in den Industrieländern, wo die Ärmeren zuletzt oft das Nachsehen hatten und auch die Mittelschicht abgehängt wird. Um das zu zeigen, haben die Autoren eben zu Anfang dieses Jahrzehnts ihre Kurve aus Daten von 130 Ländern entwickelt und im Jahr 2012 erstmals veröffentlicht. Dann dauerte es noch Jahre, bis die Öffentlichkeit sie entdeckte.

Auf der unteren, der horizontalen Achse ist die Welt-
bevölkerung entsprechend ihrem Einkommen nach
Gruppen geordnet, das ärmste Prozent ist ganz links, das
reichste ganz rechts. Und auf der nach oben führenden,
der vertikalen Achse wird notiert, wie sich der Wohlstand
dieser Gruppen zwischen 1998 und 2008 entwickelt hat.
Heraus kommt in etwa die obere Kontur eines Elefanten
mit Rüssel. Danach ist es den Ärmsten in Afrika oder auch
Indien hinten am hängenden Schwanz nicht sonderlich
gut ergangen. Aber dann folgt fast die Hälfte der Welt-
bevölkerung oben auf dem Rücken und Kopf des Tieres.
Und diese Menschen, vor allem die Masse der langsam ent-
stehenden Mittelschicht in den Schwellenländern, haben
fünfzig Prozent und mehr hinzugewonnen.

Dann kommt der Rüssel, und der weist erst einmal steil
nach unten – bin ins leichte Minus. Genau da sitzen nach
Interpretation der Autoren viele Gering- und Normalver-
diener in den Industrieländern, die untere Mitte eben.
Der Stahlarbeiter in Ohio, der Lastwagenfahrer in der
Bretagne, die Krankenschwester in Thüringen. Danach
allerdings geht der Rüssel wieder nach oben, und zwar
deutlich höher als bei einem echten Elefanten. Ganz am
Ende des Superrüssels sind dann die reichsten Erdenbür-
ger wieder mit einem Plus von 60 Prozent repräsentiert.

»Die Grafik, die alles erklärt«, hieß es in deutschen Medien, als die Kurve bekannt wurde. Das sollte heißen: Sie
erklärt den Zorn und die Unzufriedenheit vieler westlicher
Bürger, die dreißig Jahre lang nicht vom Fleck gekommen

sind. Natürlich wurde auch Kritik an dieser vereinfachenden Darstellung der Dinge laut. Vor allem ein Forscher der Londoner Resolution Foundation nahm die Zahlen auseinander und fand: Viele Mitglieder der westlichen Mittelschicht hätten beim verfügbaren Einkommen doch leicht zugelegt und nicht verloren, vor allem in Europa, wo der Sozialstaat stark korrigierend eingreift. In den Vereinigten Staaten war der Verlust noch am eindeutigsten.

Aber es bleibt dabei: Relativ gesehen haben die Wohlhabenden fast überall auf der Welt gewonnen, während Menschen in der Mitte und etwas weiter unten in den sich entwickelnden Ländern kräftig zulegten und in den entwickelten Ländern zurückblieben. Als Näherung hat der »Elefant« also nach wie vor Gültigkeit.

Da hat er etwas gemeinsam mit dem großen Werk über die Ungleichheit von Thomas Piketty. 2014 machte der Pariser Ökonom und Datenforscher weltweit Furore mit seinem Buch über das »Kapital im 21. Jahrhundert«. Und er hatte eine klare Aussage im Gepäck, die, wenn auch in unterschiedlichem Maße, auf alle größeren Länder im Westen zutraf: Seit den zwanziger Jahren des vergangenen Jahrhunderts und vor allem nach dem Zweiten Weltkrieg ging die Ungleichheit massiv zurück, weil die Volkswirtschaften schnell wuchsen, fast alle Arbeitssuchenden einen auskömmlichen Job erhielten und der Staat mit hohen Steuersätzen viel Umverteilung finanzierte. Das änderte sich in den siebziger und achtziger Jahren. Seither wächst die Ungleichheit, von Piketty am liebsten doku-

mentiert als Anteil der oberen zehn Prozent am Volksein-
kommen. In den Vereinigten Staaten konnten die Reichen
am meisten zulegen, das oberste eine Prozent schaffte es
gar, seinen Anteil mehr als zu verdoppeln. Doch in Europa
zeigte sich derselbe Trend.

Was steckt dahinter? Laut Piketty liegt das Drama vor
allem darin, dass die Vermögen im Vergleich zur Arbeit
bei der Wohlstandsbeschaffung immer wichtiger geworden sind. Dividenden und Zinsen, also das Einkommen
aus diesen Vermögen, sind deutlich schneller gewachsen
als die Summe der Löhne und Gehälter. Deshalb wächst
unweigerlich die Ungleichheit, weil die Vermögen selbst
überall noch deutlich ungleicher verteilt sind als die Einkommen. In Deutschland ist der Anteil des Arbeitnehmer-
entgelts an allen Einkommen seit dem Jahr 1995 kräftig
gesunken. Damals waren es über 73 Prozent, gut zehn
Jahre später nur noch 65 Prozent, und selbst der deutsche
Daueraufschwung mit Millionen zusätzlichen Jobs konnte
die Quote lediglich auf gut 68 Prozent heben. In anderen
Industrieländern ist der Verfall noch deutlicher.

Thomas Pikettys Kurven haben nicht die Form eines
Tieres, sondern eines Buchstabens – des »V«. Erst nahm
die Ungleichheit ebenso ab wie der Anteil der Vermögen an der Generierung von Einkommen, dann ging es
wieder in die entgegengesetzte Richtung. Hinzu kommt
noch etwas anderes: Über die Jahre konnten die Wohlhabenden ihre ohnedies schon höheren Vermögen deutlich
schneller vergrößern als die Ärmeren ihre kleine Habe.

In Deutschland kann man das exemplarisch sehen: Von den Siebzigern bis in die neunziger Jahre wurde die Verteilung der Vermögen erst gleicher, der Gini-Koeffizient sank von 75 auf unter 65 Prozent, doch dann wurde diese Entwicklung hin zu mehr Gleichheit innerhalb von gut einem Jahrzehnt vollends wieder rückgängig gemacht. Das ist auch kein Wunder: Höhere Vermögen stecken oft in Aktien oder anderen Unternehmensanteilen, oder sie sind in gut gelegene Immobilien investiert, deren Preise bei guter Konjunktur besonders stark anziehen. Geld gesellt sich im Fall der Vermögen wirklich zu Geld, oder besser: Zu viel Geld gesellt sich oft weiteres Geld, besonders in finanziellen Boomphasen, wie wir sie seit dem Jahr 2012 wieder erleben.

In der Bundesrepublik hat die Volksmeinung zu diesem Thema ein janushaftes Gesicht. Einerseits sind heute die meisten Bürger mit ihrer eigenen Einkommenssituation zufrieden, andererseits halten aber 60 Prozent und mehr die Verteilungslage für ungerecht. Das kann auch daran liegen, dass Vermögen zwischen Rhein und Oder besonders ungleich verteilt sind. Deutlich über 60 Prozent des Vermögens liegen in der Hand der reichsten 10 Prozent der Bundesbürger, zieht man die Schulden ab, die vor allem Unternehmer und Neukäufer von Immobilien haben, so sind es beim Nettovermögen immer noch gut 50 Prozent. Und glaubt man Marcel Fratzscher, so gilt: »Fast 29 Prozent aller privaten Nettovermögen befinden sich im Besitz des reichsten einen Prozent. Bei unseren europäischen Nachbarn ist diese Konzentration deutlich geringer.« Das sei umso erschreckender, als die größten Vermögen besonders stark von den Ergebnissen offizieller Umfragen abweichen würden – um gut ein Drittel, und zwar nach oben.

Wer viel Vermögen hat, der hat in der Regel auch hohe Einkommen. Damit hängt für Fratzscher die relativ geringe soziale Mobilität zusammen. Die zeigt sich nicht bloß darin, dass die Hälfte der Einkommen vom Elternhaus, gemessen nach Ausbildung und Einkünften, abhängig ist. Arme kommen auch viel langsamer aus der Armut heraus als in den neunziger Jahren, und Reiche halten sich leichter in den oberen Rängen als früher. Das spiegelt sich im Bildungserfolg wider, den der deutsche Armuts- und Reichtumsforscher Ernst-Ulrich Huster so zusammenfasst: 79 Prozent der Kinder aus Akademikerfamilien besuchen die gymnasiale Oberstufe, und immerhin 66 Prozent nehmen ein akademisches Studium auf. Von den Kindern der Nichtakademiker kommen nur 43 Prozent in die Oberstufe, und 16 Prozent beginnen zu studieren.

Es ist wichtig, nach der Wahrheit über Arm und Reich zu suchen und sich nicht an die erstbeste Zahl zu klammern, die das eigene (Vor-)Urteil bestätigt. Tut man das, bleibt ein Eindruck bestehen: Auf lange Sicht kann man die Gelddrift nicht nur in den Vereinigten Staaten finden, wo sich das Einkommen des statistisch mittleren Haushalts von den fünfziger bis zu den achtziger Jahren nahezu verdoppelte, um dann der Kaufkraft nach praktisch zu stagnieren. Auch die anderen Industrieländer ringen mit derselben Drift – mal relativ erfolgreich, mal ohnmächtig und unterschiedlich je nach spezifischen heimischen Verteilungshistorien und der Konjunkturlage.

Diese materielle Entwicklung währt schon länger, und in Deutschland war sie im Jahrzehnt bis 2005 sogar deutlich ausgeprägter als danach. Warum also heute diese Unzufriedenheit vieler Bürger, dieses Unbehagen an den kapitalistischen Verhältnissen? Die einfache Antwort ist: Irgendwann reicht es einfach, und umso mehr, wenn während eines langen Aufschwungs vielen Mittelschichtlern klar wird, dass ihr Wohlstand höchstens im Schneckentempo zunimmt. Aber es kommt etwas Wichtiges hinzu, nämlich wie die Menschen Verteilung und Gerechtigkeit wahrnehmen. Zu den Spaltlinien in der Volkswirtschaft gesellen sich die Spaltlinien im Kopf. Und beide können sich leicht gegenseitig verstärken.

Ernst-Ulrich Huster berichtet in seinem Buch »Soziale Kälte« darüber, dass die Wohlhabenden die Zerteilung der Gesellschaft weniger wahrnehmen als der Rest des Landes. Demnach halten sie bestimmte Personengruppen unten in der Wohlstandsverteilung – etwa Langzeitarbeitslose oder auch Obdachlose – nicht für »gleichwertig«. Gemeint ist das zunächst wirtschaftlich, doch es überträgt sich auf die ganze Person und ihren Wert in der Gesellschaft. Huster konstatiert eine »Unkultur der Abwertung«.

Die mag es tatsächlich geben, wobei die Gesellschaft sich vielfältig bemüht, genau dieses Herabschauen auf andere infrage zu stellen. Aber deutlicher sichtbar und wahrscheinlich relevanter ist der andere Aspekt dieser Haltung: eine Art Unkultur der Aufwertung. Wenn in der öffentlichen Debatte gefordert wird, dass die Reichen mehr für die Gesamtheit leisten sollen, dann kommt nicht nur das Gegenargument: Sie schaffen als Familienunternehmer Jobs oder als Manager Börsenwerte für andere. Zu den öffentlich und mehr noch privat vorgetragenen Rechtfertigungen der Wohlhabenden gehört der beliebte Satz: Wir haben es uns verdient. Damit geben sie den Erfolglosen indirekt zu verstehen, dass auch sie ihre soziale Lage verdient haben. Für diese Erfolgreichen ist demnach alles gerecht so, wie es ist. Nicht nur Autorennfahrer, Profigolfer und Filmstars reden so daher. Verbreitet ist diese arrogante Haltung auch unter Spitzenmanagern.

Martin Winterkorn, bis zum Jahr 2015 Chef des Volkswagen-Konzerns, stieg im Jahr 2010 zum bestbezahlten Chef eines DAX-Unternehmens auf. Bis auf rund siebzehn Millionen Euro schraubte sich sein Jahresverdienst in den folgenden Jahren in die Höhe. Darauf angesprochen, ob wohl ein VW-Arbeiter an der Produktionsstraße dafür noch Verständnis aufbringen könne, reagierte Winterkorn ungehalten. Für ihn war die Sache klar und gerecht. Es gab Entgeltregeln im Konzern, die jeder Angestellte unterschrieben hatte, und Winterkorns gewaltige Boni spiegelten nur seine Erfolgsgeschichte wider: den aggressiven Versuch, VW an die Weltspitze der Industrie zu führen. Der Dieselskandal setzte diesen Bemühungen und vor allem der Traumkarriere ein jähes Ende. Doch da waren die Millionen längst geflossen.

Nicht nur an der Spitze von Industriekonzernen ist das Gefühl verbreitet, dass man die Belohnung natürlich verdient habe. Bei Bankmanagern ist die Haltung mindestens so deutlich zu beobachten. Der Schweizer Josef Ackermann, bis 2012 Chef der Deutschen Bank, war vor Winterkorn eine Weile der Spitzenverdiener unter den Chefs der großen börsennotierten Konzerne in Deutschland. Er konnte die Zweifel an seinem teilweise zweistelligen Millionensalär überhaupt nicht nachvollziehen: Schließlich schraube er ja die Rendite der Bank nach oben. Und er wurde nicht müde zu betonen, dass das Gehalt ein Gradmesser für seine Bedeutung sei. Wollte er Respekt bei Finanzjongleuren im eigenen Konzern genießen, die teilweise noch viel mehr verdienten als er, dann ging das seines Erachtens gar nicht anders.

Ackermanns Nachfolger Anshu Jain war ein solcher Jongleur. Der indisch-britische Banker hatte sein Ego deutlich besser im Griff als deutsche Spitzenmanager, die persönlich gekränkt sind, sobald die Höhe ihres Salärs nur infrage gestellt wird. Doch auf die Frage, was ihn als jungen Mann zum Investmentbanking gezogen hatte, gab Jain eine irritierende Antwort: »die Leistungskultur!« Für ihn war diese Branche eine reine Leistungsgesellschaft, in der einzig zählt, was einer kann, und nicht, wo er herkommt. Wer gescheiter und fleißiger ist als die anderen, schafft den Aufstieg ganz nach oben und verdient am meisten.

Ganz gleich, ob diese Haltung im Vorstand eines gro-ßen Produktionsunternehmens oder auf dem Handelsflur einer Bank vertreten wird: In einer solchen Kultur zählt nur der Vergleich untereinander und nicht der Abstand zu gewöhnlichen Arbeitern und Angestellten. Ebenso wenig sorgt sich da jemand um wirtschaftliche Schäden, die durch extremes Konkurrenzstreben entstehen. Aber diese Schäden sind eingetreten, sowohl bei VW als auch bei der Deutschen Bank. Beide Konzerne mussten – und müssen vielleicht auch noch in Zukunft – enorme Strafsummen für unternehmerische Fehler und illegale Machenschaften zahlen.

Selbst ohne solche Vorfälle, die Theorien vom gerechtfertigten Megaverdienst absurd erscheinen lassen, greift die Ideologie der vermeintlichen Leistungsgerechtigkeit das allgemeine Fairnessempfinden an und gefährdet im Extremfall den sozialen Frieden. Das wusste schon der britische Soziologe Michael Dunlop Young, der von 1915 bis 2002 lebte. In einem armen Londoner Viertel betrieb der strenge, persönlich bescheidene Mann eine Stiftung, die jungen Sozialunternehmern den Start ins Berufsleben erleichterte. Seine größte Wirkung erzielte er jedoch auf andere Weise. Schon Ende der fünfziger Jahre schrieb er eine Satire über den »Aufstieg der Meritokratie«, die zeigen sollte: Eine Gesellschaft, in der Menschen nur nach Talent und Anstrengung gewertet werden, verkommt zur Leistungsdiktatur ohne Hoffnung für Verlierer und zerstört sich am Ende selbst.

In der Öffentlichkeit blieb aber nur das eine von Young geprägte Wort hängen: Meritokratie. Es wurde zur Monstranz einer abgehobenen Schicht, die wirtschaftlich alles liberalisieren wollte. Young schrieb noch kurz vor seinem Tod: »Ich bin furchtbar enttäuscht von der Wirkung meines Buches aus dem Jahr 1958.«

Damals bei Young war es eine historisch gestützte Ahnung, die aber von Wissenschaftlern heute vielfach bestätigt wurde. Wenn die Gesellschaft nur danach ausgerichtet ist, dass die Besseren möglichst viel gewinnen, dann schwindet der Gemeinsinn, und die weniger Erfolgreichen begehren auf. Doch es ist noch mehr als das: Die Idee von der absoluten Leistungsgerechtigkeit in der Wirtschaft stimmte nie, und sie stimmt heute schon gar nicht mehr.

Wie es mit dem Faktor Glück sei, fragt der amerikanische Ökonom Robert H. Frank, der vor Jahren den Trend zur »Winner-Take-All«-Gesellschaft beschrieb, in einem neuen Buch. Nur mit viel Glück hat er in den vergangenen Jahren eine Herzattacke und später einen schweren Sportunfall überlebt. Dabei hat er ein besonders ausgeprägtes Bewusstsein für die Kraft des Zufalls entwickelt. Sie sei schon im Spiel, bevor ein Mensch geboren wird, meint Frank. Und tatsächlich hängt ja der Erfolg bei Bildung und Einkommen in fast allen Industrieländern erheblich davon ab, was die Eltern erreicht haben.

Der amerikanische Investor Warren Buffett weiß das auch. »So viel Glück ist dabei, wie wir auf diese Welt kommen«, sagt der zweitreichste Mann der Erde. Allerdings ist es mit dem Glücksfaktor Geburt keineswegs getan. Selbst eine eindrucksvolle Unternehmerkarriere steckt voller Zufälle. Der Microsoft-Gründer Bill Gates etwa hatte als Schüler das Glück, dass er in der Schule dauerhaft einen Computer benutzen konnte – zu einer Zeit, als kaum eine Schule in Amerika oder sonst wo auf der Welt Rechner hatte. Gates konnte also als Junge lernen zu progammieren. Später profitierte er von der ungeheuren Dummheit der IBM-Chefs, die nicht an den Computer für jedermann glaubten und dadurch dem Newcomer den größten Wachstumsmarkt des späten 20. Jahrhunderts überließen.

Sobald viele Konkurrenten um einen Markt buhlen, meint Robert Frank, müsse beim Gewinner »fast alles genau richtig« laufen. Oft setze sich dabei der Glücklichere gegen den fachlich Überlegenen durch. Das gilt auch für Angestellte: Ob bei der Karriere in einem Unternehmen, beim Wechsel zu einer anderen Firma oder bei der Frage, ob ein Beruf gerade gefragt ist oder eher ausstirbt – der Zufall ist stets mit am Werk.

Auch wo das nicht der Fall ist, erweist sich die Idee von der uneingeschränkt herrschenden Leistungsgerechtigkeit als hohl. Damit lässt sich fast jede Verteilung von Geld rechtfertigen. Besonders gut ist das bei Start-up-Firmen im Internet zu beobachten. Wer den Konkurrenzkampf gewinnt, dem gehört oft der ganze Markt. Der Sieger ist dann vielleicht ein klein wenig klüger, fleißiger, härter als andere, aber um Milliarden reicher.

Immerhin, den Unternehmern geht es oft eher ums Produkt als ums Geld. Bei Hedgefonds-Managern ist das nicht der Fall. Geld ist ihr Produkt. Sie lockt die Aussicht auf riesige Summen, die sie kassieren, nur weil sie ein Quäntchen cleverer sind als andere. Zwar muss da niemand Mitleid mit den Verlierern haben, aber das Prinzip bleibt: Nur weil jemand eine Spur besser ist, streicht er ungleich mehr Geld ein.

Was soll daran gerecht sein? Es handelt sich vielmehr um eine Perversion von Gerechtigkeit. Die Höhe ist gewissermaßen beliebig. Vor der Jahrtausendwende haben Vorstandschefs in großen deutschen Unternehmen vielfach das Zwanzigfache des Lohns normaler Angestellter verdient, heute erhalten sie oft das Hundertfache. Was die Industrieländer angeht, ist der Gehälterboom an den Konzernspitzen nur in den Vereinigten Staaten noch deutlich drastischer als in der Bundesrepublik.

Was soll daran »leistungsgerecht« sein? Oder daran: Radiologen verdienen im Schnitt ungleich mehr als Kinderärzte. Den Gewinnern des Wirtschaftslebens sei der Erfolg gegönnt, nichts gegen Firmengründer, Manager oder bestimmte Fachärzte. Nur sollten sie ihn nicht mit dem Märchen von der Leistungsgerechtigkeit erklären. Dieser Mythos entzweit eindeutig die Gesellschaft. Er nährt den Zorn derer, die ökonomisch nicht so erfolgreich sind. Und bei den Erfolgreichen schafft er die Überzeugung, der Staat dürfe sich nicht groß am wohlverdienten Reichtum vergreifen. Damit werden manchmal sogar Steuerflucht und Steuervermeidung als eine Art Notwehr entschuldigt – was kein Normalbürger mehr versteht.

Etwas Demut dem eigenen Schicksal gegenüber wäre also angebracht. Dann könnten Gewinner und Verlierer des Wirtschaftslebens einander vielleicht wieder näherkommen, und man würde erkennen: Der ökonomische Erfolg bestimmt nicht allein den gesellschaftlichen Wert einer Person und einer Gruppe.

Viel ist heute die Rede von der Skepsis gegenüber dem Establishment. Einmal im Jahr veröffentlicht die amerikanische Kommunikationsberatung Edelman ihr Trust Barometer (Barometer des Vertrauens), eine Umfrage unter Zehntausenden Bürgern in 28 Ländern. Nicht bloß glaubte im Jahr 2017 rund die Hälfte, das gesellschaftliche System im eigenen Lande funktioniere nicht mehr. Nicht bloß vertraute weniger als die Hälfte der eigenen Regierung. Besonders stark, um ein Viertel nämlich, stürzte der Wert für Unternehmenschefs ab. 37 Prozent hielten sie noch für glaubwürdig – und in Deutschland nicht einmal 30 Prozent.

»Wir haben es verdient«, das ist eben oft die Selbsttäuschung im oberen Teil der Gesellschaft. Die andere lautet: »Wir verdienen doch gar nicht so viel.«

Die Bundeszentrale für politische Bildung ließ große Gruppen von Bundesbürgern über Arm und Reich diskutieren, und ein Ergebnis wunderte Experten besonders, wie die ZEIT im Jahr 2016 berichtete: »Es gibt die reale Einkommensverteilung, und es gibt eine gefühlte Einkommensverteilung. Beides hat nicht viel miteinander zu tun.« Vor allem die Wohlhabenden leiden demnach unter Illusionen und wollen oft nicht glauben, dass sie selbst zu den Besserverdienenden oder gar Reichen gehören.

Das Phänomen beschränkt sich übrigens nicht auf ein Land. In den meisten entwickelten Ländern hätten Bürger in der Regel keine Ahnung, wo sie im Vergleich stehen, sagen die Sozialforscher Vladimir Gimpelson in Moskau und Daniel Treisman in Los Angeles, die über Grenzen hinweg Erhebungen in verschiedenen Staaten ausgewertet haben. Und selbst was die Bürger zu wissen glaubten, sei oft falsch. Demnach ist es auch nicht so, dass die Reichen nur ihr Vermögen verschleiern wollen und sich deshalb ärmer machen, als sie sind. Sie verraten oft sehr wohl, dass sie zwei Autos oder zwei Immobilien besitzen – und geben gleichzeitig an, dass sie nicht zu den Reichen gehören.

Laut einer Studie der Bundesbank sind 468 000 Euro Vermögen die Grenze: Wer mehr hat, Häuser, Spargeld und Lebensversicherung, ein Auto und eine eigene Firma, der zählt zu den wohlhabendsten zehn Prozent der privaten Haushalte in der Bundesrepublik. Doch offenbar meint die Mehrheit der Mitglieder dieses Clubs, sie gehöre gar nicht dazu. Reich sind die anderen, die SAP-Gründer und die Spitzenfußballer und die Nachbarn mit dem neu ausgebauten Haus.

Auch laut einer OECD-Umfrage, an der schon mehr als eine Million Menschen weltweit teilgenommen haben, halten sich die Reichen für ärmer, als sie sind. Und die

Armen halten sich für reicher. Bei ihnen hat das vielleicht mit dem Selbstwertgefühl zu tun, bei den Reichen aber sicher auch damit, dass sie wie fast alle Menschen immer noch einige kennen, denen es bessergeht als ihnen. Im eigenen Umfeld ist man in der Regel irgendwo in der Mitte – und vergisst, dass es noch viele andere Milieus im Land gibt.

Geht es darum, die Verteilung zu korrigieren, dann ergibt sich eine merkwürdig ambivalente Haltung. In Umfragen neigt regelmäßig die Mehrheit der Meinung zu, der Reichtum müsse gerechter und mithin gleicher verteilt werden. Je nach Studie und genauer Fragestellung sind es in Deutschland 60 bis gut 80 Prozent. Doch die Empörung ist groß, wenn die Leute erfahren, dass sie selbst dafür etwas abgeben sollen. Kein Wunder, sie sind ja im Selbstbild gar nicht so reich.

Das Bekenntnis zu mehr Umverteilung beschreiben Forscher daher als »cheap talk«, leeres Gerede. In einer deutschen Studie sprachen sich über 80 Prozent der Befragten für mehr Umverteilung aus, darunter eine Mehrheit der Besserverdienenden. Doch sobald diese Teilnehmer erfuhren, dass sie selbst etwas zur Finanzierung beitragen müssten, schlug ihre Meinung um. Das Fazit: »In dem Moment, wo es an die eigene Brieftasche geht, geraten die guten Absichten ins Hintertreffen.«

Die Grenzen der Umverteilung liegen also nicht nur darin, dass die Leistungsträger vielleicht weniger leisten, wenn der Staat ihnen zu viel Geld wegnimmt. Sie sind auch nicht nur dadurch gegeben, dass gerade die Wohlha-benden mobil sind und das Land wechseln können, selbst heute noch, da die nationalen Finanzbehörden Daten aus-tauschen. Diese Grenzen liegen tiefer in der Psyche und im Selbstverständnis der Bürger verborgen.

Die Herausforderung für den Kapitalismus im 21. Jahr-hundert besteht eben nicht nur darin, materielle Ver-hältnisse mit den alten Mitteln von Besteuern und Trans-ferieren angleichen zu wollen. Sie bedeutet auch, die Menschen in ihrem ambivalenten Empfinden ernst zu nehmen. Es gilt, unser wachsendes Wissen über Wahr-nehmung, Verhalten, Motivation oder allgemein über die subjektive Seite der Gesellschaft zu nutzen.

Eines haben wir dabei schon gelernt. Es wird Zeit für mehr Realismus und Aufklärung, damit die Spaltlinien sich nicht immer tiefer in die Gesellschaft und in die Köpfe ihrer Mitglieder ziehen. Meritokratie ist keine Erklärung und keine Entschuldigung für wachsende Ungleichheit. Keineswegs haben die oben alle Erfolge und die unten alle Misserfolge ihrer Leistung zu verdanken. Selbst wenn das so wäre, sagte es noch nichts darüber aus, wie groß die Gewinne der Erfolgreichen und wie klein das Salär der Verlierer sein sollte. Und keineswegs verorten sich die meisten Menschen korrekt in der Pyramide der Verteilung von Einkommen und Vermögen.

Warum informiert der Staat die Menschen nicht dar-über, wo im Vergleich sie stehen? In Zeiten von Algorith-men sollte das kein großes Problem sein. Warum lehrt er in seinen Schulen nicht viel offensiver als bisher, wie die materielle Verteilung aussieht – und wie es sich mit der Leistungsgerechtigkeit und dem Glück im Leben verhält?

Bisher denken wir zu wenig über uns selbst und den Streit ums Soziale nach. Mit jedem neuen Verteilungsbericht bricht in Deutschland wieder die übliche Links-Rechts-Debatte aus. Alles wird ungleicher! Nein, wird es nicht! Ungleichheit schadet dem Wachstum! Nein, Umverteilung schadet dem Wachstum! Und so weiter.

Es wäre besser, die Öffentlichkeit wüsste mehr über die Mechanismen hinter dieser Fassade und würde debattieren, was daraus folgen sollte. Wir können heute in der datengetriebenen Ökonomie viel mehr über die tatsächlichen Verhältnisse wissen als früher – und darüber, was die Psyche daraus macht. Eine Diskussion auf dieser Grundlage dürfte Überraschungen zeitigen für Arm und für Reich.

Kapitel 2

Achtung, Konzentration!

Wie die Marktwirtschaft aus dem Gleichgewicht gerät

Es ist frustrierend zu beobachten: Vor wichtigen Wahlen diskutieren die Kandidaten intensiv über Steuern, vorzugsweise die auf Einkommen, und über Sozialabgaben. Und sonst über nicht viel. Ganz so wie vor einem oder zwei Jahrzehnten, ganz so, als habe der Kapitalismus sich nicht enorm verändert.

Nicht, dass die Einkommensteuer unwichtig wäre für die Finanzierung und den Zusammenhalt einer Gesellschaft. Mit der Steuer rückt der Staat in Deutschland, wo zehn Prozent der Erwerbstätigen fast die Hälfte des gesamten Aufkommens bestreiten, die Verteilung gerader. Und natürlich gibt es auch immer etwas an der Abgabenlast zu korrigieren. Für manche aufstrebenden Mittelschichtsbürger wächst die Belastung viel zu schnell mit dem Einkommen, während die Progression der Steuerraten weiter oben zu früh endet.

Frustrierend ist das politische Ritual gleichwohl, und das nicht nur weil die Argumente sich wiederholen. Die ständige Abgabendebatte in einem Land, in dem die Umverteilung vonseiten der öffentlichen Einnahmen weitgehend funktioniert, ist eher lähmend als energiespendend. Wenn der Streit vor der Wahl ausgefochten und nach der Wahl eine kleine Veränderung bewirkt worden ist, dann haben alle Beteiligten das Gefühl, sich wirksam gegen die Spaltung der Gesellschaft gewendet zu haben.

Doch so funktioniert der moderne Kapitalismus nicht. Die ökonomischen Schicksale sind heute zu unterschiedlich, auch innerhalb der gesellschaftlichen Kerngruppe namens Mittelschicht. Die eine Arbeiterschaft gibt es ebenfalls längst nicht mehr. Mit allgemeinen Abgaben und Transfers kann man deshalb nicht mehr dafür sorgen, dass neue Chancen für alle Bürger entstehen. Man muss schon tiefer einsteigen.

Dann wird es offenbar: Die Volkswirtschaft ist durchzogen von neuen oder neu verstärkten Spaltlinien – etwa nach Regionen und Stadtteilen; davon später mehr. Oder nach Unternehmensgrößen und Branchen; darum geht es jetzt.

Bedeutsam ist das allemal. Wenn man fragt, warum sich Teile der Bevölkerung abgehängt fühlen, dann spielen die Risse im Wohlstandsgefüge eine erhebliche Rolle. Forscher schauen heute genau auf solche Unterschiede, das Interesse am Thema »Konzentration« ist wieder erwacht. Es ist, als ob die Wirtschaft gerade unters Röntgengerät gelegt wird. Und man sieht: Mit der Globalisierung und der Technisierung, mit der Expansion des Kapitalismus sind manche tiefen Risse erst entstanden und andere erheblich tiefer geworden. Moderne Datenanalysen lassen sie nicht nur sichtbar werden, sie zeigen auch Ansätze, um sie zu heilen und den Erfahrungen von Spaltung und Ohnmacht entgegenzuwirken.

Klingt abstrakt, ist aber höchst konkret. Jahr für Jahr schreitet die Differenzierung im Gefüge der Wirtschaftssektoren voran. In einer gemeinsamen Studie haben in Deutschland und Großbritannien tätige Ökonomen im Jahr 2014 untersucht, wie sich die Löhne in unterschiedlichen Teilen der Volkswirtschaft entwickeln. Sofort zeigt sich wieder: Geringverdiener mussten über die vergangenen Jahrzehnte hinweg Einbußen hinnehmen, während Hochverdiener ihre Kaufkraft im Schnitt kräftig steigern konnten. Vor allem aber zeigen die Forscher, wie sich die Löhne und Gehälter nach Sektoren innerhalb von knapp zwanzig Jahren bis zur großen Finanz- und Eurokrise entwickelt haben. Dabei geht es nur um Westdeutschland, weil sonst zu viele Einflüsse der Wiedervereinigung ins Spiel gekommen wären.

Die Arbeitnehmer sind da ihrem Lohn entsprechend von Arm nach Reich angeordnet, in Prozentschritten. Ein Arbeitnehmer recht weit oben, bei 85 Prozent der höchsten Einkommen, ist demnach auf 17 Prozent Steigerung gekommen, wenn er in der Industrie tätig war. Industrie, das sind vor allem Konzerne und Familienunternehmen, die sich mit ihren Produkten im internationalen Wettbewerb bewegen. War der Arbeitnehmer im Sektor der handelbaren Dienstleistungen angestellt, dann konnte er immerhin noch 13 Prozent über die Inflation hinaus hinzugewinnen. Bei diesen Hochverdienern geht es in diesem Teil der Wirtschaft um Consulting, Banking oder Software-Analyse. Auch solche »Services« werden international angeboten, oft übers Internet. Lag der Job des Arbeitnehmers schließlich im Sektor des Nicht-Handelbaren, wie das heißt, stieg sein Lohn nur um fünf Prozent. Zementhersteller gehören genauso in diese Kategorie wie Friseure – alle eben, die keine grenzüberschreitende Konkurrenz haben.

Diese Unterschiede sind schon erheblich. Größer noch sind sie bei Geringverdienern gewesen. Wer bei 15 Prozent in der Verdienerskala liegt und damit mehr verdient als die unteren 15 und weniger als die oberen 85 Prozent, konnte in der Industrie ganze vier Prozent hinzugewinnen. Arbeitete er im Sektor der handelbaren Dienstleistungen, zum Beispiel im Callcenter oder als einfacher Datenbearbeiter, dann ging sein Verdienst der Kaufkraft nach um 15 Prozent zurück. Und in Branchen mit nicht handelbaren Angeboten, wo der Import kaum eine Rolle spielt, schrumpfte sein Verdienst noch um sieben Prozent.

Deutschland ist demnach seit Längerem eine geteilte Volkswirtschaft, nur diesmal nicht nach West und Ost. Das verarbeitende Gewerbe ist überaus dynamisch, während andere Sektoren nur langsam produktiver werden und auf den Wohlstand ihrer Arbeitnehmer drücken. Schon anhand dieser wenigen Lohn- und Gehaltszahlen wird offenbar: Auch bei Menschen mit ähnlichen Voraussetzungen sind die ökonomischen Schicksale sehr unterschiedlich – und durch die Ausdifferenzierung der Wirtschaft werden sie zusehends unterschiedlicher.

Das ist aber nur ein Aspekt einer Entwicklung, die lange unbeachtet blieb und heute mit Macht wiederentdeckt wird. Schon kurz vor der Jahrtausendwende, im Jahr 1999, haben die ungarischstämmigen Physiker Réka Albert und Albert-László Barabási eine theoretische Blaupause dafür entwickelt. Sie wollten eigentlich nur modellhaft abbilden, wie sich das Internet ausweitet, kamen aber auf eine Formel für alle möglichen Arten von Netzwerken. Die Kernidee dazu nannten sie »Preferential Attachment«. Es geht um die Frage, wo sich in einem Netz diejenigen, die neue Verbindungen knüpfen und expandieren, tatsächlich hinwenden – wo sie »bevorzugt festmachen«, um ihrerseits voranzukommen. Und die Antwort ist: Sie wenden sich denjenigen Knotenpunkten zu, die bereits viele andere Verbindungen aufweisen. Das heißt dann, dass diejenigen, die schon haben, noch mehr bekommen. Oder übersetzt ins Wirtschaftsleben: Dort, wo viel Wohlstand ist, entsteht noch mehr, Marktführer eilen weiter voraus, die besonders profitablen Firmen erzielen noch höhere Gewinne. Die Konzentration wächst mit der Expansion.

Vor knapp hundert Jahren wurde der Streit um die Konzentration schon einmal erbittert geführt. Damals ging es um Großunternehmen, die den Wettbewerb untergraben. Man begriff: Größe kann für mehr Effizienz sorgen, aber irgendwann werden einzelne Unternehmen so mächtig, dass sie den Wettbewerb aushebeln und dann auch keinen Druck mehr haben, sich immer weiter zu verbessern. In der Folge steigt die Produktivität nur noch langsam, Konsumenten müssen mit überhöhten Preisen leben, und Innovationen werden seltener.

»Der Wettbewerb frisst seine Kinder«, hieß das damals. In vielen Ländern entstanden deshalb Jahrzehnte später Anti-Kartell- und Anti-Monopol-Behörden. Die Sorge darum, den Wettbewerb stark zu halten, war auch einer der grundlegenden Gedanken für den deutschen Ordoliberalismus und seine spätere Umsetzung in der Sozialen Marktwirtschaft. Zur Ordnung der Wirtschaft zählten fortan klare Regeln für den Wettbewerb.

Einen neuen Höhepunkt erreichte die Debatte in den siebziger und achtziger Jahren des vergangenen Jahrhunderts, als die »Multinationals« oder kurz »Multis« zu mächtig erschienen. Erst waren das die weltweit tätigen Ölkonzerne, dann im Zuge der Globalisierung auch andere Industrieriesen wie Toyota oder General Electric. Doch in den Neunzigern kamen die Start-ups rund ums Internet auf, die Weltwirtschaft wuchs in ungekanntem Tempo, und viele Industrieländer zogen ihre Kartellwächter zurück. Innovation und Wettbewerb schienen sich auch ohne behördliche Kontrolle durchzusetzen, und selbst ganz große Unternehmen, so die These, mussten sich schnell entwickeln und die Preise niedrig halten, um mit den neuen Firmen mitzuhalten.

Jetzt wird klar: Das war höchstens die halbe Wahrheit. Sebastian Buckup, der deutsche Programmchef des World Economic Forum, hat die Indizien dafür aus verschiedensten Studien zusammengetragen und schlägt Alarm: »Während die Volkswirtschaften immer vielfältiger werden, konzentrieren sich die Gewinne.«

Das gilt einerseits für bestimmte Sektoren der Wirtschaft, wie besonders in den Vereinigten Staaten zu sehen ist. Dort schafft es die Finanzindustrie, mit vier Prozent aller Beschäftigten des Landes und sieben Prozent des Umsatzes rund ein Viertel aller Profite an sich zu ziehen – wohlgemerkt nach der Finanzkrise, vorher war es teilweise noch mehr. Damals waren es Investmentbanken, die besonders viel vom volkswirtschaftlichen Mehrwert für sich beanspruchten, nach der Krise sind es vermehrt Hedgefonds. Auch staatliche Regulierungsversuche haben die enorme Unwucht insgesamt nicht heilen können.

Ein anderer Teil der Wirtschaft, der besonders viel Gewinn an sich zieht, sind selbstverständlich die Tech-Unternehmen des Silicon Valley. Fragt man, wo die – gemessen an der gesamten Wirtschaft – deutlich überdurchschnittlichen Gewinne einzelner amerikanischer Firmen vor allem anfallen, dann ist die Antwort klar: Tech-Unternehmen ziehen etwa die Hälfte all dieser »Übergewinne« an sich. Das allein bedeutet schon ein erhebliches Ungleichgewicht in der Volkswirtschaft. Aber die großen sogenannten Plattform-Unternehmen Amazon, Apple, Facebook und Google (mit der Holding Alphabet) kaufen mit ihren Extragewinnen auch viele potenzielle Konkurrenten auf. Da ist es dann auch kein Wunder, was führende Ökonomen der USA im Jahr 2013 herausfanden: Die gewinnreichsten zehn Prozent der amerikanischen Unternehmen waren achtmal so profitabel wie Unternehmen in der Mitte, während es in den neunziger Jahren nur dreimal so hohe Gewinne waren.

Geht es um die Konzentrationswirkungen von Netzwerken, sind Internet-Giganten die ersten Verdächtigen. Doch vernetzt sind heute viele Teile der Wirtschaft, und zwar global. Forscher der Eidgenössischen Technischen Hochschule (ETH) Zürich schauten sich schon zu Beginn dieses Jahrzehnts bei über 40 000 grenzüberschreitenden Unternehmen an, wer an wem beteiligt war. Und sie fanden eine »Superentity«, eine Art High Society von 147 besonders verwobenen Konzernen, die rund 40 Prozent aller unternehmerischen Vermögenswerte kontrollierten. Eine weitere amerikanische Zahl aus dem Jahr 2016 passt ins Bild: In rund 600 von insgesamt 900 Wirtschaftssektoren hat die Konzentration seit den neunziger Jahren zugenommen.

Die Puzzleteile ergeben ein Ganzes, und sogar die freiheitsliebenden Ökonomen der Universität von Chicago entdecken ihr ordnungspolitisches Gewissen. Vor allem ihre Schule hatte mit Studien und Theorien darauf gedrängt, ruhig Zusammenschlüsse und höhere Marktanteile zuzulassen – weil ja jederzeit ein neuer Wettbewerber für

Unruhe sorgen könne. Nun aber äußert eine jüngere Forschergeneration in Chicago die Sorge, dass der Wettbewerb nicht mehr so intensiv ist wie früher. Indizien dafür finden sie genug, nicht nur in den niedrigen Zahlen fürs Wachstum der Produktivität.

So nimmt die Zahl der neu gegründeten Unternehmen quer durch den Westen ab – auch in Deutschland. Einzelne Konzerne und Branchen nehmen mit einem großen lobbyistischen Aufwand Einfluss auf die Politik – wiederum auch in Deutschland, wo die Autoindustrie enorm viel Gehör findet und nun Digitalfirmen nachzuziehen versuchen.

Die grundsätzlich interventionsfreudigeren Forscher vom Massachusetts Institute of Technology (MIT) sehen die Lage ebenfalls sehr ernst. »Es ist immer vorteilhafter geworden, der Platzhirsch zu sein – und weniger vorteilhaft, neu auf den Markt zu kommen«, fassten sie die Lage im Jahr 2017 zusammen. Wenn Chicago und MIT zu denselben Schlüssen kommen, muss etwas dran sein.

Die Konzentration fügt der Volkswirtschaft Risse zu und erhöht die Ungleichheit, ja, sie gilt sogar als Hauptursache dafür, dass die Gehälter und damit die ökonomischen Schicksale sich auseinanderentwickeln. Eine Studie am Bonner Forschungsinstitut für die Zukunft der Arbeit kommt am Beispiel der USA zum Schluss: Es sind vor allem die Gehaltsunterschiede zwischen Unternehmen und nicht innerhalb der Unternehmen, die dafür gesorgt haben, dass sich Arbeitseinkommen seit den siebziger Jahren so vehement auseinanderentwickelt haben. »Es liegt daran, wo Sie arbeiten«, ist die Studie aus dem Jahr 2014 überschrieben. Forscher in den USA haben die These zwei Jahre später noch unterfüttert: Mehr als zwei Drittel des Anstiegs der gesamten Einkommensungleichheit führten sie auf wachsende Unterschiede zwischen Unternehmen zurück – zuvorderst den kleinen und mittelgroßen. Nur in den Konzernen mit mehr als 10 000 Mitarbeitern sah es etwas anders aus: Für einen erheblichen Teil der Ungleichheit sorgte es dort, dass innerhalb eines Unternehmens die Gehälter der Spitzenkräfte rasch stiegen, während die Bezahlung für einfache Arbeit dort noch sank. Doch diese Konzerne waren eben die Ausnahme, sodass die Forscher ihre Studie mit einem Wortspiel überschrieben: »Firming Up Inequality«. Frei übersetzt: die Ungleichheit wird betoniert.

Im Jahr 2016 warteten MIT-Forscher mit dem dazu passenden Ergebnis auf, dass die Ungleichheit umso schneller steigt, je mehr sich die wirtschaftliche Aktivität auf wenigen Feldern konzentriert. Deutschland hat sich zwar gerade im Mittelstand noch eine große industrielle Vielfalt bewahrt. Trotzdem zeigen ja die unterschiedlichen Lohnentwicklungen in den einzelnen Teilen der Volkswirtschaft, dass sich der Lohnbruch auch durch die hiesige Wirtschaft zieht. Konzentration ist eine Begleiterscheinung von Expansion, gerade in der heutigen vernetzten Wirtschaft. Es wird Zeit, dass die Staaten ihr etwas Neues entgegensetzen, und daran wird tatsächlich gearbeitet.

Für die Gruppe der führenden Industrie- und Schwellenländer, die G20, die im Jahr 2017 turnusgemäß von der Bundesrepublik geführt wurde, hat ein Expertenteam eine alte Idee neu aufbereitet: Die Länder sollen sich auf den Weg machen zum Weltkartellamt. Im ersten Schritt sollen die nationalen Kartellbehörden im Ringen mit dem Netzwerk-Effekt selbst ein Anti-Kartell-Netzwerk bilden, sich regelmäßig treffen, eng bei einschlägigen Fällen zusammenarbeiten und das Marktgeschehen analysieren. Am Ende sollen sie weltumspannend als Ganzes agieren.

Ein guter Ansatz, der aber leider an der Realität vorbeigeht. Von der Idee eines Weltkartellamts haben sich die Wettbewerbshüter schon vor zwanzig Jahren verabschiedet, weil es undenkbar schien, dass eine Globalbehörde oder ein globales Netzwerk Fälle in Amerika oder auch Russland löst. Heute sind nicht nur diese beiden Länder noch weitaus stärker auf ihre nationale Hoheit bedacht, um es vorsichtig auszudrücken. Die Lehrbuchlösung von weltweit agierenden Wettbewerbshütern ist noch ferner als früher.

Da top-down, der globale Ansatz von oben nach unten, also nicht umsetzbar ist, haben viele Nationen es längst bottom-up, also von unten nach oben, versucht. Nicht nur gibt es im Industrieländerclub OECD ein weltweites Wettbewerbsforum. Vielmehr arbeiten im International Competition Network (ICN) rund 130 Wettbewerbsbehörden an gemeinsamen Standards und untersuchen, woran sich der Missbrauch von Marktmacht oder eine gefährliche Fusion erkennen lässt. Daraus entwickeln sie moderne »Recommended Practices« – Empfehlungen, wie die Wächter vorgehen sollen. Solche haben auch schon Eingang ins deutsche Kartellrecht gefunden. Die Organisation gibt es seit 16 Jahren, ihr Vorsitzender ist gegenwärtig der deutsche Kartellamtspräsident Andreas Mundt.

Der Staat muss selbst innovativ werden, um mit seiner Ordnung ausgleichend auf den erfindungsreichen und konzentrationsfreudigen Kapitalismus einzuwirken. Es geht nicht mehr nur darum, Marktanteile zu untersuchen, Umsätze zu addieren, Großfusionen zu beurteilen und eventuell zu unterbinden. Unversehens gibt es da einen neuen, von außen noch unerkannten Konkurrenten, den ein dominantes Unternehmen abwehrt oder aufkauft. So wurde im Jahr 2017 Facebook vorgeworfen, zentrale Ideen des jungen, aber »coolen« Bildernetzwerks Snapchat zu kopieren, nachdem es dem weltweit führenden sozialen Netzwerk misslungen war, den neuen Mitbewerber zu kaufen. Anders erging es zuvor dem »coolsten« neuen Konkurrenten, WhatsApp: Den kaufte Facebook für enorme 19 Milliarden Dollar im Jahr 2014, als er 55 Mitarbeiter hatte und 17 Millionen Dollar Jahresumsatz erzielte. Zwei Jahre zuvor hatte Facebook Instagram, das Netzwerk zum Teilen schneller Fotos, für eine Milliarde gekauft. Die zwei Jahre alte Online-Community hatte damals zwar schon 30 Millionen Mitglieder, machte mit ihrem Dutzend Mitarbeitern aber keinen nennenswerten Umsatz oder gar Gewinn.

An dem Beispiel sieht man: Wettbewerbshüter müssen heute wirklich wendig sein. Und sie brauchen vielfältigere Kriterien als früher, gerade im Internet, wenn eine Kerndienstleistung wie die (Google-)Suche oder die (Facebook-)Community kein Geld kostet. Wenn also zuerst die Nutzer mitsamt ihren Daten kommen und erst danach der Umsatz mit Werbung für ebendiese Nutzer wächst. Marktmacht drückt sich da zunächst vor allem in der Zahl der »Kunden« aus.

Vor diesem Hintergrund gelten die deutschen Kartellwächter international als besonders innovativ. Vor vier Jahren hat das Amt von Andreas Mundt begonnen, sich intensiv mit den neuen Anforderungen auseinanderzusetzen – und im eigenen Haus eine Art Labor mit Leuten eingerichtet, die sich gerade im Internet auskennen. Sie sollten erstens der neuen Wettbewerbspolitik den »intellektuellen Grund bereiten«, wie der Chef sagt. Zweitens sollten sie »Anpassungen des Gesetzes vorbereiten«. Und drittens waren sie auch eine sogenannte Beschlussabteilung und wendeten ihre Ideen gleich in echten Fällen an. Sie prüften zum Beispiel eine Klausel beim Marktplatz von Amazon, nach der die beteiligten Händler anderswo keine günstigeren Preise anbieten durften, und gingen dagegen vor. Ob Online-Partnervermittlung, Preisvergleichsportal oder Immobilien-Webseite – die Experimentalbeamten ließen nichts aus. Am prominentesten wurde ein Verfahren gegen Facebook, das mit seiner Marktmacht angeblich regelwidrige Nutzungsbedingungen durchsetzte.

Wer sich das Kartellamt als eine Behörde voller verstaubter Aktenordner und uralter Gesetzesbände vorstellt, wird also eines Besseren belehrt. Die Experimentalbeamten hantierten mit Kriterien wie Netzwerk-Effekt, Tipping-Punkt oder Datenzugang. Und sie überzeugten die Politik davon, dass ihre innovative Praxis auch in eine Gesetzesnovelle münden müsse, damit nicht gleich wegen jedes neu angewandten Kriteriums ewige Gerichtsverfahren drohen. Im Jahr 2017 war es schließlich so weit: Deutschland bekam das wohl modernste Kartellrecht der Welt, in dem die Größe eines Unternehmens nicht mehr alles ist und verschiedenste Kriterien für Macht und Einfluss zum Tragen kommen. Anders als früher dürfen die Wächter nun auch Käufe von Firmen prüfen, die weniger als fünf Millionen Euro Umsatz erzielen. Die Unternehmen müssen nur mindestens 400 Millionen Euro kosten.

Früher, so der Amtspräsident, galt das Prinzip: »Wo kein Geld fließt, ist auch kein Markt. Also wird auch das Kartellrecht nicht angewendet.« Diese Zeit ist offiziell vorbei.

Die neue Herausforderung geht weit über die reinen Internet-Märkte hinaus. Sie gilt für Hybride zwischen Netz und »realer« Welt, wie das Beispiel Amazon zeigt: eine digitale Plattform, die aber sehr wohl mit ihrem Versand in der physischen Welt arbeitet. Und sie gilt auch für die klassische Wirtschaft, die sich zusehends digitalisiert. Unter dem Rubrum »Industrie 4.0« ändern die produzierenden Mittelständler und Konzerne, vom Auto- bis zum Maschinenbauer, ihr Wirtschaftsmodell, vernetzen sich, gewinnen und nutzen große Datenmengen, entwickeln daraus neue Angebote. »Die ganze Wirtschaft ist digital. Die Frage ist nur, in welchem Maße«, erklärt Andreas Mundt.

Experten wie er werden weiter lernen und ihre Kriterien flexibel halten müssen. Gerade der Einfluss derer, die Daten an sich ziehen, dürfte noch bedeutsamer werden, als er heute schon ist. Kundendaten, wie sie Amazon oder Facebook sammeln, sind da noch relativ harmlos. Oft sind sie auch für andere Firmen noch zu kaufen oder zu sammeln, ohne dass sie ihren Wert verlieren. Doch viele Daten in der Industrie schaffen sich Unternehmen erst mühsam selbst, und darin steckt das Geheimnis ihrer Produkte – zum Beispiel Testergebnisse für Werkzeugmaschinen über mehrere Jahre. Was, wenn einzelne Plattformen diese gehaltvollen Informationen in großer Menge absaugen?

All das heißt, dass der Turboeffekt, der die Mächtigen am Markt so schnell mächtiger machen kann, sich quer durch die Ökonomie auswirkt. Entsprechend gilt künftig allgemein für Marktmacht und Expansionsmöglichkeiten, was aus der Theorie der Netzwerke hervorgeht: Die Anzahl der geknüpften Verbindungen ist entscheidend – zu Nutzern (früher, als sie noch mit Geld zahlten, hießen sie Kunden) und Mitgliedern, Lieferanten und Entwicklungspartnern. Auch das Volumen und der Gehalt der Daten, die Anbieter an sich ziehen, dürften oft wichtiger sein als eine Umsatzgröße. Konzentration wird zur allgemeinen Herausforderung.

Die Politik muss verstehen, dass hier ein wichtiges Ringen um die Zukunft des Kapitalismus und der liberalen Ordnung stattfindet. Die Innovation am Markt fordert einen innovativen Ordnungsrahmen mit ausführenden Organen, die, bewaffnet mit modernsten Algorithmen und Datenanalysen, möglichst früh erkennen, was kommen kann. Die digitale Welt ist mehr und mehr eine Welt des (künstlich) intelligenten Vorausschauens.

In den USA, wo die vier größten Handelskonzerne innerhalb von dreißig Jahren ihren Marktanteil verdoppelt haben, sind einschlägige Forscher besonders besorgt. Das ist auch kein Wunder, weil mit der wirtschaftlichen Konzentration die alte Balance der Wirtschaft verloren geht. Während in vielen Industrieländern der Anteil der Löhne am gesamten Einkommen in diesem Jahrhundert gesunken ist, schreitet die Entwicklung in den USA doch besonders rapide voran. Im Jahr 2000, nach den ökonomisch erfolgreichen Jahren unter Bill Clinton als Präsident, war diese Lohnquote noch einmal auf 64 Prozent gestiegen. Dann kam erst der Rausch und anschließend der Zusammenbruch der Finanzindustrie (bei der Digitalindustrie war es andersherum). Während all dessen ist die Quote drastisch auf 58 Prozent gesunken, was die Ungleichheit weiter verstärkt hat.

Der MIT-Ökonom David Autor und seine Mitstreiter führen das zurück auf die »Ökonomie der Superstars«. Gewöhnlich bezieht sich dieser Begriff auf einzelne Personen, die für herausragende Leistungen riesige Honorare und Gewinnbeteiligungen beanspruchen können: Film- und Sporthelden, Erfinder und CEOs. Er gilt aber auch für Unternehmen, und zwar nicht nur in den USA, sondern, so haben die Forscher herausgefunden, rund um den Erdball. Und diese Marktführer kommen, wie im Fall der Handelsriesen à la Walmart, mit weniger Arbeit aus als kleinere Konkurrenten, vor allem mit weniger Jobs für die Mittelklasse, und erwirtschaften überdurchschnittliche Profite für die Kapitalanleger.

Autor und Co. konnten vertrauliche Finanzdaten Hunderter Unternehmen analysieren, die ihre Theorie stützen. Demnach führt der Wettbewerb nach dem Motto »Die Gewinner nehmen sich das meiste« dazu, dass eine kleine Zahl besonders profitabler Firmen wachsende Marktanteile erobert, während der Arbeitsanteil an ihrer Wertschöpfung nachlässt. Fast überall in der Privatwirtschaft wächst die Konzentration, und wo sie stärker zunimmt als im Schnitt üblich, schrumpft auch der Anteil der Arbeit stärker.

Anschaulicher kann man es kaum belegen: Die Wirtschaft gerät aus der Balance und mit ihr die Verteilung. Die Relationen verschieben sich, Risse in der Gesellschaft entstehen, die bei den Menschen Zweifel daran wecken, dass es fair zugeht und man die Kontrolle über sein wirtschaftliches Schicksal hat. Anders gesagt: Konzentration wird zur sozialen Frage. Auf einmal wird der tiefere Sinn des Ordoliberalismus und der nachfolgenden praktischen Ausformung durch die Soziale Marktwirtschaft sichtbar:

Die Pflege des Wettbewerbs und das Ringen um sozialen Ausgleich gehören zusammen. Heute mehr denn je.

Mit ihren neuen netzwerkbezogenen Ansätzen erhalten Kartellwächter also eine sozialpolitische Bedeutung. Die Politik muss der Konzentration und ihren Folgen entgegenwirken, wenn sie Spaltungen überwinden und den Kapitalismus wieder in die Balance bringen will. Am liebsten redet Deutschland über die überhöhten Gehälter von Konzernchefs, aber die sind nur ein kleiner, wenngleich symbolisch wichtiger Teil der Wahrheit.

Das Ziel: Die Gesellschaft begreift den größeren Zusammenhang des Marktgeschehens und der Spaltung. Er wird zu einer der großen öffentlichen Fragen. Ein Land wie die Bundesrepublik sollte Start-ups nicht nur am Anfang fördern, sondern strikt aufpassen, dass sie eine echte Chance erhalten, wenn sie in einen Markt eindringen. Es sollte Wirtschaftsteile stärken, die bei Produktivität und Lohn gar nicht mehr mitkommen – vor allem Dienstleister, die gerade in Deutschland von so mancher unnötigen Regulierung befreit werden sollten. Viele solche Ideen und Maßnahmen ergeben sich, wenn die entscheidende Frage erst einmal ins allgemeine Bewusstsein gedrungen ist.

Die Populisten suchen die Bedrohung für die Volkswirtschaft ihres Landes stets außen, bei den »anderen«. Und solche Bedrohungen gibt es tatsächlich, auch im Wettbewerb – etwa wenn in China die zwei führenden Hersteller von Bahntechnik zu einem monopolistischen Riesen verschmelzen und damit Siemens in Asien das Leben schwermachen, worauf dessen Chef Joe Kaeser lautstark hinweist. Doch der Kern der Spaltungsdynamik kommt nicht von außen, sondern von innen, aus dem Räderwerk der Marktwirtschaft selbst. Sie schafft die Unterschiede und lässt sie rasant wachsen. »Damit der Kapitalismus sich weiter entwickeln kann, müssen wir die Strukturen dort neu aufbauen, wo die Schwerkraft sich stark ausgewirkt hat«, formuliert der Programmchef des World Economic Forum.

Achten wir also beim Aufbau des Kapitalismus für das 21. Jahrhundert darauf, wo die Gravitation am stärksten ist.

Kapitel 3

Kapitalismus unter der Lupe

Wie die Menschen wieder zusammenkommen können

Gehen wir über die Grenzen der normalen Sozialdebatte hinaus, werden wir fast automatisch zu Detektiven auf den Spuren der Spaltung. Wir schauen dann genau hin bei der Frage, wo und wie die Menschen auseinanderdividiert werden und wie das nagende Gefühl entsteht, nicht mehr dazuzugehören. Schließlich sind das exakt die Grundlagen, an denen Populisten ansetzen – eine Melange aus Fakten und Befindlichkeiten. Die Detektivarbeit ist notwendig, damit wir verstehen, was genau da geschieht.

Um einen ersten Verdacht zu hegen, muss man kein Sherlock Holmes sein. Es wäre schon merkwürdig, würden die Entwicklungsmuster der vernetzten Wirtschaft nur für Unternehmen gelten. Was ist mit den Regionen eines Landes?

Für die gelten sie ebenso, belegen die Arbeiten des New Yorker Stadtforschers Richard Florida: Die Dynamik, die denen gibt, die schon viel haben, treibt demnach auch die führenden Regionen in einer Volkswirtschaft an und vergrößert die Unterschiede zwischen Stadt und Land. Florida spricht auf seine Art vom Netzwerk-Effekt, wenn er beschreibt, wie die »wichtigsten und innovativsten Industrien und die talentiertesten, ambitioniertesten und reichsten Leute« sich in einer kleinen Zahl von »Superstar-Cities« konzentrieren. Diese Städte seien Wissens- und Technologiezentren und sie entwickelten sich schnell weiter, während die meisten anderen Orte um den Status quo kämpfen müssten oder gar zurückfielen. Der Experte nennt das Phänomen den »Die-Gewinner-kriegen-alles-Urbanismus«.

Die Wortwahl kommt uns bekannt vor. Nicht anders beschreiben Ökonomen ja das Phänomen des Immer-mehr-für-immer-weniger: die Superstar-Wirtschaft, in der die Spitzenkräfte und Spitzenfirmen einen wachsenden Anteil des Gewinns für sich beanspruchen. Florida weiß das und erklärt, genauso sei es bei Städten. Und das nicht nur gefühlt, sondern auch statistisch: Obwohl in den führenden Städten besonders viele Menschen wohnen, schaffen sie pro Kopf mehr Innovationen als andere Orte, ziehen mehr Talente an, kontrollieren einen besonders großen Anteil des globalen Kapitals und beheimaten viele Finanz-, Medien- und Technologiekonzerne.

Das intuitive »Obwohl« ist bei näherem Hinsehen also falsch gewählt, es sollte »Weil« heißen. Der Unterschied verstärkt sich hier selbst. Wo schon die am besten vernetzten Knotenpunkte sind, wollen andere auch andocken, würden Netzwerkforscher sagen. Oder praktisch ausgedrückt: Die besten jungen Köche kommen, die besten Künstler und Unternehmer. Es entsteht mehr Wohlstand, es wächst die Nachfrage nach guten Restaurants, Theatern, Galerien. Museen und Universitäten erhalten mehr Spenden. Höhere Steuereinnahmen fließen in Schulen, neue U-Bahnen, bessere Parks. Solche Städte sind vorne, und sie vergrößern den Abstand zum Rest eines Landes beinahe kontinuierlich.

Das wirkt sich auf die Häuserpreise aus, wie Richard Florida für die Vereinigten Staaten zu berichten weiß. Von mehr als 11 000 nach Postleitzahlen geordneten Vierteln im ganzen Land gab es zuletzt 160, in denen das mittlere Haus mehr als eine Million Dollar kostete. Und achtzig Prozent dieser Reichenviertel liegen in New York, Los Angeles und San Francisco, in den Superstar-Städten eben. In jeder dieser Metropolen gibt es eine besonders illustre Käufergruppe: die Wall-Street-Händler in New York, die Film- und Fernsehschaffenden in Los Angeles und die Internetunternehmer in San Francisco. Und dahinter streben viele andere wohlhabende Leute auf den städtischen Immobilienmarkt.

Dies klingt wunderbar für die Metropolen, ist es aber nicht einmal für alle Bewohner dort. Die Magnetkraft der Spitzenstädte heizt die Preise an und treibt dadurch weniger talentierte Menschen und unterdurchschnittlich erfolgreiche Firmen an den Rand. Im Schnitt geht es den

Erwerbstätigen dort zwar besser als anderswo, aber eben nur im Schnitt.

Beim Gehalt sieht es noch gut für alle Erwerbstätigen aus. Sämtliche Gehaltsgruppen verdienen in den führenden Städten deutlich mehr als anderswo, oben wie unten auf der Skala. Doch im zweiten Schritt ändert sich das Resultat: Nun werden die Wohnkosten dagegengerechnet, die vor allem am Budget der Ärmeren nagen. Zieht man diese Kosten vom Arbeitseinkommen ab, dann bleiben zwar gut verdienende Wissensarbeiter, die Finanzexperten und Software-Schreiber also, immer noch besonders wohlhabend. Für die Arbeitskräfte im unteren Lohnabschnitt, vor allem in einfachen Dienstleistungsberufen, bleibt kein Vorteil mehr übrig, mehr noch, sie stehen oft schlechter da als Kollegen anderswo im Land. Die Folge kennt man aus vielen Ländern. Solche Arbeitskräfte müssen ins Umland ziehen, längere Strecken pendeln, in Außenbezirke ausweichen, wenn die Wohnkosten überproportional zunehmen.

Vor allem Studien des amerikanischen Jungökonomen Matthew Rognlie zeigen, wie weit der Trend zu hohen Wohnpreisen geht. Dass die Vermögenseinkommen in Amerika seit 1950 so stark gewachsen sind, hat demnach nicht viel mit Aktien oder Anleihen zu tun. Bei diesen Anlageformen bleibt nach Inflation und Steuern über die Jahre wenig Mehrwert übrig. Die großen Gewinner sind vielmehr die Hausbesitzer in den Städten: Sie profitieren zusehends davon, dass so viele zahlungskräftige

Menschen in ihre Wohnorte streben, wo aber nur wenig Platz zur Expansion ist. Angesichts dieses – nur selten unterbrochenen – Dauerbooms der Immobilienpreise in den Zentren findet Richard Florida bittere Worte: »Am Ende können es sich nur noch die Reichen leisten, in den Gewinnerstädten zu leben.«

Alles spricht dafür, dass diese Entwicklung anhält. Andere Stadtforscher bestätigen die These von der schnell wachsenden Anziehungskraft der führenden Städte. Der Harvard-Ökonom Edward Glaeser drängt auf mehr in die Höhe gebauten Wohnraum, damit mehr Menschen dort zu Wohlstand kommen können. Der New Yorker Gesellschaftsforscher Benjamin Barber argumentiert, dass ein globales Netz der Städte und ihrer Bürgermeister die Welt am ehesten zum Besseren verändern könne, während Nationalregierungen zu weit weg vom Problem seien.

Noch grundsätzlicher geht Geoffrey West die Sache an. Der gelernte Physiker forscht am Santa Fe Institute im US-Bundesstaat New Mexico. Es wurde in den achtziger Jahren des vergangenen Jahrhunderts gegründet, um die Dynamik sogenannter komplexer Systeme zu untersuchen und das Denken in Netzwerk-Effekten und ähnlichen Strukturen in die Welt zu tragen. In seinem gerade erschienenen Opus magnum namens »Scale« (Maßstab) geht West den Wachstumsgesetzen in Biologie, Wirtschaft und Gesellschaft nach. Besonders viel Wert legt er dabei auf Städte, die er in einem Forschungsprojekt eingehend untersucht hat.

Seine These: Städte und zusammenhängende Metropol-regionen leben von überlegener Effizienz, die mit ihrer Größe noch wächst. West traut sich sogar eine Zahl zu nennen: Mit doppelter Größe wird die Stadt demnach um rund fünfzehn Prozent effizienter, braucht pro Kopf ent-sprechend weniger Straßen, Rohre, Kabel oder Tankstel-len. Gleichzeitig nehmen Löhne und Vermögen, die Zahl von Patenten und das Angebot von Bildungseinrichtungen, aber auch Verbrechen und Aids-Fälle in ganz ähnlichen Proportionen zu. Und zwar, das ist wohl das Bemerkens-werteste an Geoffrey Wests Ergebnissen, gilt dies auf allen Erdteilen, in Industrie- wie auch in Entwicklungsländern.

Die Fünfzehn kommt hier als eine Art magische Kon-stante daher. In Santa Fe suchen sie nach solchen natur-gesetzlichen Zusammenhängen, und wenn man so etwas sucht, wird man auch fündig. Wie schon Mark Twain be-merkte: »Für einen Mann mit einem Hammer sieht alles wie ein Nagel aus.« Man darf also die Zahl bezweifeln, soll-te aber die Idee dahinter ernst nehmen. In den meisten Ländern ziehen die Städte so viel Talent und Kapital an, dass sie gleichzeitig besonders gewinnbringend und be-sonders teuer sind.

Der Hauptgrund dafür sind nicht etwa die Gebäude und auch nicht die viel genutzten Straßen, sondern das, was die Menschen daraus machen. Genauer sind es die sozialen Verbindungen – also wie viele fruchtbare Verbin-dungen die Bürger in den Straßenschluchten der Städte miteinander knüpfen. Geoffrey West zufolge nehmen diese sozialen Kontakte mit der Größe der Städte ebenfalls überproportional zu, sodass jeder Einwohner im Schnitt mehr mit anderen zu tun hat, und zwar um den Faktor der schon bekannten fünfzehn Prozent. Die Kontakte intensivieren sich nicht etwa innerhalb der Großfamilie, vielmehr können die Menschen mehr selbstgewählte Verbindungen knüpfen.

Unabhängig von der genauen Zahl ist die Erklärung doch plausibel. In den Großstädten können die Menschen leichter ihr Netzwerk mit den richtigen »Knotenpunkten« knüpfen, finden sie eher die passenden Partner und Mitarbeiter. Weil außerdem eine wachsende Zahl von Einwohnern um den begrenzten städtischen Raum konkurrieren muss, als Mieter genauso wie als Restaurantbesitzer oder Schulbetreiber, werden die weniger Leistungsfähigen in ihrem Segment – vom Wäschereibetreiber bis zum Banker – eher verdrängt. Der Grund: Sie konnten das überlegene Angebot an Netzwerkmöglichkeiten nicht wirksam nutzen. Dieses »Aussieben« vergrößert auf unschöne Art noch einmal den Wohlstandsvorsprung der Städte.

Heißt das, alle Großstädte ziehen dauerhaft davon? Keineswegs. Wenn wie im Fall von Detroit in den USA oder den Ruhrgebietsstädten in Deutschland die industrielle Basis veraltet und nichts Neues entsteht, ist der Niedergang besiegelt. Auch soziale Unruhen können einer Stadt zusetzen. Heikel wird es ebenso, wenn das ganze Land sich abschottet. In Ansätzen kann man das gerade am Fall Londons verfolgen. Und selbst der Aufstieg von »Superstädten«

wie New York wurde historisch mehrfach unterbrochen. Das ändert aber nichts an der allgemeinen Dynamik, die noch dadurch verstärkt wird, dass die moderne Wirtschaft stark über Vernetzung funktioniert. Ideen entstehen seltener als früher in der einsamen Tüftlergarage und öfter im Austausch kreativer Leute.

Gleichzeitig kommt die andere Seite der Medaille zum Vorschein: Die Konzentration von Wohlstand und Talent in den Städten spaltet die Gesellschaft gleich auf zweierlei Art. Zum einen wachsen die Unterschiede zwischen Stadt und Land beziehungsweise zwischen großen und kleinen Städten. Zum anderen wachsen die Unterschiede innerhalb der Metropolen. Es lohnt sich, genauer nachzusehen, auch in Deutschland. Der Wirtschaftsteil der *ZEIT* recherchierte Ende des Jahres 2016, wie jenseits der Geldverteilung Risse in der städtischen Gesellschaft entstehen. Die Kollegen förderten dabei Erstaunliches zutage.

2016 war das Jahr, in dem besonders viele Flüchtlinge dauerhaft untergebracht werden mussten. Am Beispiel Hamburgs war zu sehen: Obwohl alle Stadtteile ihren Teil dazu beitragen sollten, waren die reichen Viertel mit Bürgerinitiativen besonders gut darin, die Zahl der für sie vorgesehenen Flüchtlinge zu vermindern. Im weitgehend wohlhabenden Vorstadtviertel Rissen sollten erst 4000 Flüchtlinge unterkommen, am Ende waren es 300. Und auch wo der Staat sich bei der Anzahl durchsetzte, wurde die Gleichbehandlung ausgehebelt. In Harvestehude, einem Gründerzeitviertel an der schönen Außenalster, sollten nur 220 Flüchtlinge unterkommen, und zwar in einem öffentlichen Gebäude mit besonders guter Lage. Die Anwohner wehrten sich vor Gericht, ernteten Schlagzeilen wie »Rassismus als Luxusproblem« – bis die Politik ihnen durch eine Veränderung des Bebauungsplans die rechtliche Grundlage entzog. Doch gemeinsam mit ihrem CDU-Ortsvorsitzenden verhandelten die Bürger weiter, diesmal vor allem über die »Qualität« der Flüchtlinge.

Damals waren syrische Bürgerkriegsflüchtlinge besonders beliebt, und die wollten die engagierten Harvestehuder Bürger nun am ehesten in ihrer Nähe haben – lieber als einen »Gemischtwarenladen« mit Asylbewerbern aus Ländern in unklarer Lage, wie der Ortsvorsitzende erläuterte. Auch alleinstehende junge Männer waren nicht so erwünscht. Die ehemaligen Kläger und das Bezirksamt einigten sich schließlich auf die »Harvestehuder Lösung«. Hauptsächlich Bürgerkriegsflüchtlinge würden kommen, das hieß vornehmlich Syrer, und als einmalige Ausnahme verpflichtete sich der Stadtstaat, die Unterkunft zu achtzig Prozent mit Familien zu belegen. Sonst war dieser Anteil deutlich geringer und der Anteil der Alleinstehenden entsprechend größer. Das heißt, woanders würde die Familienquote nun zwangsläufig noch weiter sinken.

Das Phänomen gibt es nicht nur in Hamburg: Die Flüchtlinge werden innerstädtisch umverteilt, von oben nach unten. Das heißt aber auch: Wo die Ärmeren wohnen, ziehen dann noch mehr hilfebedürftige Flüchtlinge im Allgemeinen und orientierungsarme junge Männer im Besonderen hin, als es ohnedies geplant war. Und Kinder aus sozial schwachen Familien, die schon dort leben, müssen die Aufmerksamkeit ihrer Lehrer mit besonders vielen Flüchtlingskindern teilen.

Die sogenannte deutsche Flüchtlingskrise unterstreicht: Je mehr Bessergestellte eine Veränderung anstreben, desto höher ist die Wahrscheinlichkeit, dass Politiker sie durchsetzen. Besonders offenbar wurde auch, mit welchen Mitteln die Stadtteile nach Reich und Arm geordnet werden. Ein großer unfreiwilliger Helfer ist dabei das Baurecht. Mit seiner Hilfe werden unsichtbare Wände in Städte gezogen. »Exclusionary Zoning« heißt das bei den Ökonomen, es werden also Zonen gebildet, die ärmere Bewohner ausschließen. Bauvorschriften bestimmen dann Mindestgrößen von Grundstücken und Parkplätzen, begrenzen die Höhe von Gebäuden in einer Gegend oder verbieten einfach Mehrfamilienhäuser. All das stützt den Marktwert bestehender Häuser, verknappt aber das Angebot an Wohnraum insgesamt.

In Hamburg-Rissen, so fand die *ZEIT*, legt der Bebauungsplan für manche Gegenden fest, dass auf 1000 Quadratmetern Grund nur 100 Quadratmeter bebaut werden dürfen. Das heißt, man braucht viel Boden für ein Haus, die Grundstücke sind groß, die Hauseigentümer wohlhabend. Und diese Eigentümer setzen sich oft vehement dafür ein, dass die Exklusivität erhalten bleibt. Das ist aus ihrer Sicht verständlich. Doch ist es nicht nur problematisch, wenn es gilt, Unterkünfte für möglichst viele Flüchtlinge zu errichten.

Rissen ist überall. Das Muster kennen andere Großstädte ebenso. Weil bestimmte Viertel ihre exklusiven Vorschriften verteidigen, wird die Marktlage in der gesamten Stadt enger, als sie sein müsste. Wer nicht in diese Viertel zieht, konkurriert umso intensiver um Wohnraum in dicht besiedelten Stadtteilen. Nur denkt dort kein Mieter daran, dass Entscheidungen in einem fernen Teil der Stadt seine Wohnkosten nach oben treiben.

Wir sehen, dass Detektive in Sachen gesellschaftlicher Spaltung alle Hände voll zu tun haben. Das gilt auch in Deutschland. Dort befragten die Meinungsforscher von Allensbach im Jahr 2016 die Wähler nach ihren gesellschaftlichen Erfahrungen. Bei den Anhängern der AfD zählten sich fast vierzig Prozent »zu denen, die zurückbleiben, während es vielen anderen in Deutschland immer bessergeht«. Das waren mehr als in jeder anderen Partei. Der Zorn aufs liberale Establishment und der Erfolg der Populisten, sie speisen sich eben nicht bloß aus Flüchtlingsangst und Sicherheitsbedürfnis, sondern dauerhafter aus dem ungleichen Lauf der wirtschaftlichen Schicksale.

Auftritt Michael Sandel. Der berühmte Harvard-Philosoph mit dem Hang zum Praktischen sprach 2017 beim World Economic Forum in Davos, und kein Platz blieb frei. Seine These ist, dass der Verlust an Gemeinschaft und sozialer Wertschätzung viele Menschen zornig werden lasse. »Die Menschen leben unterschiedliche Leben. Es gibt kein gemeinsames Projekt mehr«, erklärte Sandel. Die Alltagserfahrungen laufen auseinander. Reichere und Ärmere wohnen zunehmend in verschiedenen Vierteln, kaufen in unterschiedlichen Läden ein. Ihre Kinder gehen auf unterschiedliche Schulen, und wo die staatlichen Schulen zu gemischt sind, übernehmen Privatschulen den Auftrag der Exklusivität. »Das wirkt zersetzend«, so der Philosoph.

Michael Sandel nennt das Phänomen die »Skyboxification«. Skyboxes – so heißen die VIP-Lounges in amerikanischen Baseball-Stadien. Früher mischten sich in diesen Stadien die Klassen, jetzt kommen sie schon durch unterschiedliche Eingänge hinein. Auch Davos sei »Boxification«, die begriffsstutzige Elite unter sich, die nicht verstehe, dass viele Menschen in ihrem Land eine Gemeinschaftsidentität bräuchten, um sich wohl zu fühlen, sagte Sandel. Liberale Politiker hätten vergessen, dass es im öffentlichen Leben um große Dinge gehe. Gerechtigkeit. Gleichheit. Bürgerschaft. Werde der Zorn nicht bald ernst genommen, entstehe ein moralisches Vakuum, »das von Nationalisten gefüllt wird«.

Boxification gibt es zwischen Arm und Reich, aber auch innerhalb der Mittelschicht. Für den Göttinger Soziologen Berthold Vogel ist das sogar der Hauptkonflikt: »Es geht um gesellschaftlichen Reichtum und seine staatliche Verteilung, um Status und Sicherheit, um Position und Privilegien. Insbesondere aus der Mitte der Gesellschaft wird der Vorwurf laut, dass die Institutionen des Rechts- und Sozialstaats die Vorteile der anderen schützen und die eigenen Sorgen missachten. Die Konflikte werden von Menschen ausgetragen, die etwas zu verlieren haben.«

Aus eigenem Verdienst erworben, nun bedroht von außen – diese Wahrnehmung ist dann der Boden, auf dem Ressentiments wachsen. Das heißt, ein erheblicher Teil der Mittschicht wechselt von einer Haltung des Vertrauens und der Hoffnung in den Verteidigungsmodus. Was einmal ein Aufstiegsversprechen für alle war, gilt jetzt anscheinend nur für einen Teil. Und auf einmal wird das, was andere haben, im Kopf zu dem, was man nicht haben kann.

Dazu trägt die (digitalisierte) Arbeitswelt bei, die eine ehemals ziemlich homogene Mitte in Gewinner und Verlierer teilt, in der Abstände schnell größer werden. Dazu gehört aber besonders, dass Dörfer und Kleinstädte begabte junge Leute, die wegziehen oder Wochenendpendler werden, ebenso verlieren wie den alteingesessenen Einzelhandel an der Hauptstraße. Relativ zu den Metropolen geht der Wohlstandsstatus verloren. Die Lebensverhältnisse wirken nicht mehr gleichwertig und sind es oft auch nicht.

Die regionale Ungleichheit wächst in den meisten Ländern. Ian Buruma, global recherchierender Historiker und Chefredakteur des *New York Review of Books*, kommt zu dem Schluss, dass der neue Klassenkampf zwischen Großstadteliten und den – naturgemäß – weniger vernetzten Menschen in der Provinz ausgetragen wird. Und dieser Konflikt wird besonders sichtbar, wenn auch noch die Infrastruktur schwindet, die alle Landesteile im Sinne der sogenannten Daseinsvorsorge verbinden soll. Die *ZEIT* hat sich auch das an einem Beispiel angeschaut.

Genauer geht es da um eine neue Bahntrasse zwischen Berlin und München, die vor 25 Jahren in Angriff genommen wurde, um Deutschland zu einen. Mittlerweile ist die Strecke für rund zehn Milliarden Euro fertiggestellt worden. Von Großstadt zu Großstadt kann der ICE nun in Rekordzeit fahren, und einige Städte am Weg profitieren auch davon, doch andere werden abgehängt. Damit es wirklich schnell geht zwischen München und Berlin, sind die thüringischen Städte Weimar und Jena weitgehend vom Fahrplan gestrichen worden. Fernverkehr findet dort in den nächsten Jahren praktisch nicht mehr statt. Der ausgebaute Jenaer Bahnhof namens Jena-Paradies wird dann nur noch einmal am Tag vom ICE in Richtung Berlin angefahren.

Der Bau dieser Strecke war heftig umstritten, sie galt eher als Prestigeobjekt denn als Projekt für Umwelt und Menschen. Jedenfalls hat sie große Investitionssummen abgezogen, die dann für anderes nicht mehr zur Verfügung stehen – etwa um endlich wichtige Strecken in Ostdeutschland zu elektrifizieren. Dahinter steht durchaus ein Muster: Während die Bundesländer den Nahverkehr fördern dürfen und es auch oft tun, soll der vom Bund geplante Fernverkehr Gewinn abwerfen – weshalb selbst in manchen Großstädten keine ICEs halten. Die Frage ist nur, was »Gewinn« heißt, wenn selbst Bewohner einer relativ erfolgreichen Stadt mit über 100 000 Einwohnern in ihrer Mobilität eingeschränkt werden.

Der Fall ist nur ein Beispiel für eine große und zukunftsträchtige Frage: Welche Spaltungen leistet sich eine Volkswirtschaft? Kosten und Nutzen berechnen sich nicht nur in den Ausgaben für einen Bau und den zu erwartenden künftigen Einnahmen. Vielmehr muss die Frage hinzukommen, ob ein Riss in der Gesellschaft weiter hingenommen oder ihr überhaupt erst zugefügt wird.

Das hat, so lernen wir heute, irgendwann wiederum konkrete Folgen. Die Abgehängten schaffen auf Dauer weniger Wohlstand, weil sie nur noch schwer die richtigen Verbindungen knüpfen können. Und die Wahrscheinlichkeit steigt, dass sie den gesellschaftlichen Konsens aufkündigen und in eine Wir-gegen-die-Mentalität wechseln. Man mag das Erste als »harte«, da ökonomische Folgewirkung bezeichnen und das Zweite als »weiche«, da gesellschaftliche, die nur mittelbar die Wirtschaft trifft. Aber die dabei unterstellte Wertung, dass nur das »Harte« zählt, ist völlig überholt. Beides ist relevant, und je länger man hinschaut, desto mehr löst sich die so mühsam errichtete Trennwand zwischen harten und weichen Faktoren heute einfach auf.

Dafür sorgen Ökonomen, die sich als Spaltungsdetektive betätigen – und sich nicht darauf beschränken, die Geldflüsse im Sozial- und Steuerstaat zu untersuchen. Sie analysieren das »Weiche«, nämlich gesellschaftliche Zustände, mithilfe des »Harten«, nämlich Daten. Und sie zeigen uns damit, wie die Volkswirtschaft wieder mehr Menschen begeistern kann.

Die Star-Ökonomie gibt es natürlich auch unter Ökonomen. Ein Stern, der besonders hell leuchtet, ist Raj Chetty. Er wurde mit 23 Jahren in Harvard promoviert und mit 30 Jahren dort der jüngste Wirtschaftsprofessor. Heute, mit 38, forscht er im Daten-Mekka an der Westküste, der Stanford-Universität. Freundlich, zugänglich, effizient: Chetty bildet das Zentrum vieler Kooperationsprojekte, andere erfolgreiche Ökonomen richteten sich an ihm aus. Besucht man ihn, ist er zuvorkommend und beantwortet sachlich jede Frage. Aber hinterher ist man erstaunt, wie schnell alles ging bei dem zielorientierten Mann.

Mit seiner Forschung hat Chetty es auf die erste Seite der *New York Times* geschafft, er beriet die Obama-Regierung und wird als Experte im Kongress geschätzt. Das entspricht der Aufgabe, die er sich selbst gestellt hat: Er will dafür sorgen, dass die Wirtschaftspolitik wirksamer wird. Gegenwärtig lautet seine zentrale Frage: »Wie können wir sozial benachteiligten Kindern bessere Erfolgschancen geben?«

Um sie zu beantworten, nimmt er mithilfe von großen Datenmengen die Gesellschaft auseinander. Ein Schatz, mit dem er und seine Mitstreiter arbeiten, sind Millionen anonymisierter Steuerdaten über mehrere Jahrzehnte hinweg. Damit lassen sich die ökonomischen Schicksale der Amerikaner verfolgen und die Generationen vergleichen.

Auf dieser Basis haben Chetty und Co. unter anderem

gezeigt, warum die Frage nach den Chancen für Kinder heute so wichtig ist. Früher war das bessere Leben für fast alle Amerikaner erreichbar: Über neunzig Prozent der Kinder, die 1940 geboren wurden, verdienten mit dreißig Jahren mehr als ihre Eltern im selben Alter. Doch bei denen, die 1980 oder auch 1985 geboren wurden, traf das nur noch auf die Hälfte zu. Die Verhältnisse sind heute also ganz andere.

Es ist spannend, die weiteren Etappen in der detektivischen Arbeit der Daten-Ökonomen nachzuvollziehen. So fanden sie heraus: Die Antwort auf die Frage, wer zur glücklichen Hälfte gehört, hängt stark vom Status der Eltern ab. Klettern diese in der amerikanischen Einkommensverteilung um zehn Prozentpunkte nach oben, dann steigern sich ihre Kinder später um rund 3,5 Prozentpunkte. Doch das ist nur der Landesdurchschnitt. Tatsächlich sind die Möglichkeiten für armer Leute Kinder sehr ungleich übers Land verteilt. Sie hängen erheblich davon ab, wo genau die Kinder groß werden.

Heraus kam ein Ranking amerikanischer Städte für soziale Mobilität. Obenan standen aufstrebende Städte wie Salt Lake City in Utah oder die Silicon-Valley-Metropole San Jose, ganz übel sah es dagegen im südlicheren Teil der Ostküste aus, etwa in Baltimore oder Charlotte. Bemerkenswerter noch: Auch zwischen Städten mit ganz ähnlichen Durchschnittseinkommen und Einwohnerzahlen sind die Unterschiede enorm. So haben Kinder mit Eltern aus dem untersten Einkommensfünftel in Seattle ungleich mehr Chancen als in Atlanta, ins oberste Fünftel aufzusteigen. In der Stadt im Nordwesten schaffen es fast elf Prozent, in der Südstaatenmetropole nur vier Prozent. Insgesamt sind Chancen auf mehr Wohlstand für arme Kinder in Seattle so groß wie für Mittelschichtskinder in Atlanta.

Woher rühren solche Unterschiede, die übrigens kaum für Kinder reicher Leute gelten, deren Chancen fast überall ähnlich gut sind? Liegt es an Steuern? In den USA erheben auch die Kommunen Einkommensteuern. Doch die Ärmeren von der Steuer zu befreien und die Wohlhabenden stärker zu belasten, ergibt kaum einen Unterschied. Auch der Bau von mehr lokalen Colleges scheint keinen nennenswerten Einfluss zu haben. Die Chancen für Kinder ärmerer Leute bessern sich dagegen deutlich, wenn ihre Familien vermehrt in nach Einkommen gemischten Vierteln leben und mithin die »Segregation« der Wohnviertel nicht so ausgeprägt ist. Wenn die Schulen, vor allem die Grundschulen, am Ort eine hohe Qualität haben. Wenn in vielen Haushalten beide Elternteile leben. Wenn die Bürger sich insgesamt mehr in Vereinen und Initiativen engagieren.

Bei dieser aufsehenerregenden Studie blieb noch unklar, was Ursache und Wirkung war. Das räumten auch die Forscher selbst ein. Sind die Menschen selbst so verschieden verteilt, dass in einer Stadt viel größere Unterschiede entstehen als in einer anderen, oder hat die Umgebung, in der sie leben, eine entscheidende Wirkung?

In gleich zwei Studien stellten Chetty und Co. klar: Das Umfeld hat einen enormen Einfluss. Die erste Studie nutzte die Ergebnisse eines staatlichen Experiments aus den neunziger Jahren in fünf Großstädten. Familien, die in Sozialwohnungen in Vierteln mit hoher Armut lebten, erhielten dafür Mietgutscheine mit der Auflage, in Viertel mit einem geringen Armutsanteil zu ziehen. Andere Familien erhielten zwar auch Gutscheine, die sie aber im eigenen Viertel einlösen konnten. Es stellte sich heraus: Für kleine Kinder, deren Familien umzogen, verbesserten sich die Möglichkeiten erheblich. Im Schnitt, so schätzen die Forscher, erhöht sich ihr Lebenseinkommen um rund 300 000 Dollar.

Während das die Ergebnisse eines überschaubaren Experiments waren, folgte die andere Studie mithilfe des großen Datenpools fünf Millionen Kindern, die in den vergangenen zwei Jahrzehnten von einem Landkreis in einen anderen umgezogen waren. Die Ergebnisse sind beeindruckend: Ziehen Familien in eine Gegend mit besseren Voraussetzungen für Kinder, dann gelangt auch ihr Nachwuchs später zu deutlich mehr Wohlstand. Und Wohlstand heißt nicht nur mehr Geld, sondern zum Beispiel auch eine höhere Chance, im Teenager-Alter kein Kind zu bekommen, später aufs College zu gehen und danach in einer Gegend mit vielversprechenden Perspektiven zu leben. Der Effekt ist umso größer, je früher im Leben die Kinder umziehen. Das zeigen insbesondere die Erfahrungen von Geschwistern. Sind die »Kinder« beim

Umzug schon erwachsen, wirkt er sich praktisch gar nicht auf ihr Leben aus.

Jedes Jahr zählt, sagen die Daten. Auch anders herum: Ziehen Familien in schlechtere Gegenden, wirkt sich das negativ auf die Perspektiven der Kinder aus. Die Chancen sinken Jahr für Jahr, für Jungs noch deutlich mehr als für Mädchen.

Nun könnte man denken, wenn die Armen in reiche Gegenden ziehen, verlieren die Reichen. Doch ein solches Nullsummenspiel sehen die Forscher nicht: »Gegenden, die bessere Möglichkeiten für Kinder aus Familien mit geringem Einkommen schaffen, sind im Schnitt nicht schlechter für Kinder aus Familien mit hohem Einkommen.« Es lohnt sich also für die Gesellschaft als Ganzes, arme Familien beim Umzug zu unterstützen. Doch hat das seine Grenzen. Städte sollten also die »Segregation« in Arm und Reich auch mit anderen Mitteln verringern.

Es ist kein Zufall, dass solche Studien vor allem in Amerika entstehen. Schließlich sind die Probleme dort besonders krass. Doch wer wollte behaupten, dass die Ergebnisse nicht auch für Deutschland wichtig sind? Die Immobilien-Bonanza in den Städten sorgt dafür, dass Reich und Arm sich angesichts steigender Häuserpreise und Mieten weiter voneinander trennen. Traditionell hält der Staat mit dem Sozialen Wohnungsbau dagegen. Doch auch nach fast einem Jahrzehnt des Booms am Immobilienmarkt zeigt dieser keine gute Bilanz: Es fallen mehr Wohnungen aus der alten Bindung heraus, als neue hinzukommen.

So nahm die Zahl der Sozialwohnungen zwischen den Jahren 2010 und 2016 von rund 1,7 Millionen auf 1,3 Millionen ab. Die Bundesländer versuchen zwar auf unterschiedliche Weise gegenzusteuern, und mit viel Mühe gelingt es ihnen teilweise auch. Vor allem aber bieten sie Bauherren für die soziale Bindung billige Kredite an – und das zu einer Zeit, in der Investoren im eigenen Geld schwimmen und die Hypothekenzinsen ohnehin fast am Nullpunkt stehen. Auch die Bundesrepublik braucht neue Ideen.

Bevor Raj Chetty in die USA kam und zum führenden Spaltungsdetektiv wurde, wuchs er in Neu-Delhi als Kind wohlhabender Inder auf. Die extremen Unterschiede von Arm und Reich beeindruckten ihn. »Dann sah ich, dass viele Menschen erfolgreicher sein könnten, wenn sie die Gelegenheit dazu erhielten«, hat der Mann einmal erzählt, der heute das »Wissenschaftliche« und Überprüfbare an seinem Fach betont. Entweder eine Maßnahme schafft Jobs oder nicht. Das, so glaubt er, kann man in den Daten lesen. Jetzt ist er im Herzen des Silicon Valley und meint: »Es wäre gut, wenn die enorme Energie, die im Tech-Sektor in die ganzen Entwicklungen fließt, auch für soziale Fragen genutzt werden kann.« Die Software-Community solle einige derselben Methoden nutzen, um Probleme wie Armut und Ungleichheit anzugehen.

Gerade die Besten können ihr Wissen gewinnbringend für die Gesellschaft nutzen. Gewinn heißt mehr zu wissen, es genauer zu wissen – und auf dieser Grundlage neue

Perspektiven zu entwickeln. Darin steckt die Vision für einen helfenden Staat im 21. Jahrhundert, der zielgenauer handelt als der Sozialstaat des 20. Jahrhunderts. Er durchsucht mithilfe von Algorithmen die Big-Data-Abbildungen der Volkswirtschaft nach Mustern der sozialen Differenz. Und er wirkt an den Stellen in der Gesellschaft, wo die sozialen Risiken hoch sind. Das kann in Teilen des Arbeitsmarkts sein, in der Stadtpolitik, in bestimmten Schulen oder bei der Infrastruktur. Ganz egal, wenn Politik besser Bescheid weiß über die Quellen möglicher Unfairness und Chancenarmut, kann sie flexibel antworten.

Es ist eine einfache Rechnung: Besser die Öffentlichkeit schafft für den Nachwuchs dort neue Möglichkeiten, wo sich sonst keine bieten, als ihm später mit allgemeinen Geldtransfers oder Sachleistungen durchs Leben zu helfen. Dafür muss der Staat genauer und effizienter werden und sich moderner Mittel bedienen, ohne dabei Orwell'sche Verhältnisse zu schaffen. Das geht nur in einer Zukunft, in der die Bürger sicher und selbstbestimmt über ihre Daten verfügen.

Hinter der Vision steht die Erkenntnis, dass die Erfahrung des Abgehängtseins viele Ursachen hat und keineswegs von Gruppe zu Gruppe und Ort zu Ort gleich ist. Entsprechend fallen die Antworten auf diese Herausforderung verschieden aus. Der amerikanische Traum lasse sich nicht auf dem nationalen Niveau reparieren, hat Chetty festgestellt, denn die Schäden in den einzelnen Städten seien höchst unterschiedlich. Das gilt auch für die Träume anderer Nationen. Und doch können alle Regionen und auch nationale Regierungen etwas lernen von den Forschern, die heute soziale Mechanismen untersuchen. Oft geht es eben nicht um Steuerzahlungen oder Sozialtransfers, sondern um Raum. Darum, wie er verteilt oder überbrückt wird.

Richard Florida kann sich über Politiker und Einwohner in den Städten aufregen, die neue Baugenehmigungen verhindern. Da ist er nicht der einzige Experte. Dieses Gebaren treibt die Mieten und Hauspreise nur weiter in den Himmel und sorgt auf diese Weise für eine schärfere Trennung zwischen Einkommensgruppen. Die Bauvorschriften sind also oft mit- oder gar hauptverantwortlich dafür, dass ärmere Menschen kaum mehr in Wohlstandsgegenden ziehen können oder von dort wegziehen müssen. Und das, wir wissen es mittlerweile, vermindert ihre Chance auf Wohlstand gewaltig. Wenn Stadtpolitikern das nächste Mal der Mut fehlt, sich gegen solche (ja aus Sicht des Einzelnen verständlichen) Begehrlichkeiten von Immobilienbesitzern zu wehren, dann sollten sie die Folgen kennen. Die zusätzlichen sozialen Kosten sind immens, der Wohlstand konzentriert sich.

Die Kosten-Nutzen-Rechnung der Gesellschaft verändert sich also massiv. Gutscheine fürs Wohnen, mit denen man umziehen kann oder muss, stellen sich vielerorts als profitables öffentliches Investment heraus. Sie können dafür sorgen, dass chancenarme Menschen nicht zu Sozialhilfeempfängern, sondern zu Steuerzahlern werden. Auch

Fragen der Infrastruktur erhalten aus dieser Perspektive gesehen eine neue Dimension. Will man wirklich ganze Regionen abhängen? Oder Stadtteile?

Das Beispiel Atlantas in den Vereinigten Staaten zeigt, wie es nicht funktioniert. Die Armen sind stark in bestimmten Vierteln konzentriert, die Reichen in anderen. Die Wege sind lang, weil die Stadt eher in die Breite als in die Höhe geht. Der öffentliche Nahverkehr ist relativ schwach entwickelt, und auf den Straßen gibt es viele Staus. So werden Unterschiede zementiert, Möglichkeiten für die Abgehängten entstehen nicht.

Zumindest sollten die Menschen in den ärmeren Vierteln leicht in die Gegenden gelangen können, wo mehr verdient wird und innovative Unternehmen zu Hause sind. So betrachtet lohnt sich auf einmal eine neue, teure Buslinie doch, die im Takt weniger Minuten fährt. Oder eine U-Bahn-Strecke. Oder eine Seilbahn. In Lateinamerika haben Stadtplaner positive Erfahrungen damit gesammelt.

Wer das Netzwerk-Wesen des modernen Kapitalismus ernst nimmt, der sieht auch: Chancen zu schaffen, heißt oft einfach, Brücken zu bauen.

Soll der Kapitalismus inklusiver werden, dann müssen wir seine Wirkungsweise und seine soziale Wirklichkeit genau kennenlernen. Dazu gibt es heute weitaus mehr Möglichkeiten als früher – als Spiegelbild einer Wirtschaft, die stark vernetzt und mit Unmengen an Daten über die Nutzer und ihr Verhalten die Differenzierung vorantreibt. Fangen wir an, uns um effiziente Antworten zu bemühen. Der Kapitalismus arbeitet nicht mehr mit den Mitteln von vor fünfzig oder hundert Jahren. Die Gesellschaft kann sich das auch nicht leisten.

Teil III

Revolutionen, die sich lohnen

Kapitel 1

Die mitfühlende Gesellschaft

Warum sie kein leerer Begriff ist

Der Kapitalismus ist jederzeit leicht suizidgefährdet. Sein zentraler Mechanismus, der Markt, ist darauf angewiesen, dass die Bürger ein Grundvertrauen ins System und ineinander haben. Damit diese Voraussetzung bestehen bleibt, darf es nicht allzu instabil und ungleich zugehen. Sonst wird genau dieses Grundvertrauen gekündigt, und Wähler wählen politische Kräfte, die nicht das Miteinander, sondern das Gegeneinander betonen.

Immer wieder schlägt der Kapitalismus diese Warnungen in den Wind, produziert Boom und Bust, Expansion und Konzentration, zu wenige Gewinner und zu viele Verlierer, die glauben, es gehe grundsätzlich unfair zu. In diesem Jahrhundert wirkt die Wirtschaft wieder einmal besonders überdreht, und die beschriebenen Netzwerk-Effekte beschleunigen diese Entwicklung noch.

Piroschka Dossi und Robert von Weizsäcker bringen das in einem Buch auf den Punkt: Dass die Ökonomie die

Menschen auseinandertreibt, wurzele in deren instinktiver Natur, schreibt das Münchner Duo. Ihre Gier und Neugier treiben demnach Wettbewerb und technologischen Wandel voran, »die ihrerseits unausweichlich dazu führen, dass die Ungleichheit zunimmt«. Dabei geschieht anscheinend etwas mit den Menschen und dem, wonach sie streben: »Wenn das marktwirtschaftliche Umfeld, in dem der Einzelne um sein Überleben kämpft, kompetitiver wird, hat dies Rückwirkungen auf das Wertesystem. Denn nicht nur ist der Markt ein Selektionsmechanismus, der großzügig belohnt und gnadenlos bestraft, sondern jedes erfolgreiche oder erfolglose Verhalten wird auf unmerkliche Weise in die Kategorien richtig und falsch und schließlich in gut und schlecht überführt.« In Kurzform bedeutet das dann: »Also schafft der vermeintlich wertfreie Markt aus sich selbst heraus Werte – Werte, die jenes egoistische Verhalten verstärken, das seinerseits die Ungleichheit erhöht.«

Da ist sie in Reinkultur, die zum Selbstzerstörerischen neigende Entwicklungsdynamik des Kapitalismus. Dass der Markt allein die gemeinschaftliche Moral nicht stützt, sondern eher den Egoismus stärkt, zeigen auch neue, groß angelegte Experimente. Darin sieht man: Die meisten Menschen achten am wenigsten darauf, welche Nebenwirkungen ihr Handeln für andere Lebewesen hat, wenn sie Akteure in einem Marktgeschehen sind. Der Markt weckt Konkurrenz- und Kampfgefühle. Menschen wollen gewinnen, auch wenn Kollateralschäden entstehen. Andere werden mit hineingezogen. So erfüllt sich die Erwartung, dass man am Markt an sich denken muss, am Ende selbst. Das Wertesystem mutiert zum Motto »Gier ist gut« aus dem Film »Wall Street«.

All das ist ein Teil der Wahrheit. Aber es ist nicht die ganze Wahrheit. Nicht einmal annähernd.

Der Kapitalismus schafft den Bürgern auch Raum, Möglichkeit und Anreiz, um etwas für die Gemeinschaft zu tun. In Deutschland engagieren sich laut der Bundesregierung über vierzig Prozent der Bürger ab vierzehn Jahren ehrenamtlich. Sie trainieren Kinderteams im Fußballverein, teilen an einer Armentafel Essen aus oder kämpfen bei Greenpeace ums Klima. Zur Jahrtausendwende waren es nur gut dreißig Prozent.

Arbeitgeber und Demoskopen berichten übereinstimmend, dass viele talentierte Mitglieder der Generation Y, die heute zwischen 20 und 40 Jahre alt ist, wissen wollen: Wo engagiert sich das Unternehmen, für das ich arbeiten soll, für die Gesellschaft? Und vor allem: Gibt mir dieses Unternehmen Raum, mich im Rahmen meiner Arbeit selbst zu engagieren? Eine wachsende Zahl von jungen Menschen mit Gründergeist startet eigene Sozialunternehmen, die mit wirtschaftlichen Mitteln einen Missstand beheben wollen. Auch einige profitorientierte Unternehmer entdecken ihr Herz, stellen viele benachteiligte Menschen ein oder verhindern Kinderarbeit.

So einfach scheint es mit dem reinen Egoismus also nicht zu sein, dem die Ökonomen in ihrem althergebrachten Menschenbild, dem »homo oeconomicus«, ein Denkmal gesetzt haben. Die Menschen bewegen sich vielmehr zwischen verschiedenen Motivationen hin und her. Sie sind einerseits gar keine reinen Egomaschinen, können andererseits auch nicht perfekt zusammenarbeiten und alles einem Gruppenziel opfern. Ameisen tun das automatisch, Piranhas vielleicht, aber Menschen sind Wesen mit einem inneren Widerstreit.

Power und Care, Egoismus und Altruismus, Selbstsucht und Mitgefühl: Egal wie man die Antriebe nennt, sie sind beide in uns angelegt, und das auch wenn es um Wirtschaft geht. Man kann das bei sich selber sehen, wenn man sich im Arbeitsalltag beobachtet. Man will vorankommen, vielleicht sogar andere »schlagen«, aber eben auch anständig sein und helfen. Was einen gerade motiviert, wird nicht nur von innen bestimmt, sondern auch von außen beeinflusst. Davon, ob die anderen uns fair oder unfair behandeln. Oder davon, in welcher Umgebung wir arbeiten. Der adrenalingeschwängerte Handelsraum einer Investmentbank zum Beispiel bringt den Egoismus auf Hochtouren. Dieses Geldspiel ist geradezu darauf angelegt, besser zu sein als andere.

Erstens ist der Egoismus nicht die einzige Triebkraft. Zweitens unterstützt ihn aber der Markt. Und indem der Markt die Gesellschaft auseinanderdividiert, sorgt er dafür, dass auch die Solidarität auseinanderbricht, weil sie eher der eigenen Gruppe oder dem eigenen Umfeld gilt als allen zusammen. Drittens, und am wichtigsten: Man kann die Balance zwischen dem Ich und den anderen auch wieder in die Gegenrichtung verändern. Will man einen Kapitalismus, der möglichst vielen zugutekommt, dann ist es sogar der Königsweg, direkt beim Antrieb der Menschen anzusetzen.

Um diesen groß angelegten Versuch soll es nun gehen. Im Zentrum stehen drei höchst unterschiedliche Personen. Eine deutsche Gehirnforscherin mit Theatervergangenheit, die dem wirtschaftlichen Establishment die Kraft des Mitgefühls vor Augen hält. Ein französischer Molekularbiologe, der zum buddhistischen Mönchtum konvertierte. Ein Gedichte schreibender amerikanischer Ökonom, der lange zum liberalen Mainstream gehörte und nun zum Revolutionär avanciert. Gemeinsam versuchen sie dem Altruismus zu seinem Recht im Denken und zunehmend auch in der Praxis zu verhelfen.

Wenn es einen Moment gibt, in dem der Wandel Fahrt aufnahm, dann wohl Ende Oktober 2012 in Rio de Janeiro. Manager, Wissenschaftler und NGO-Vertreter treffen sich zum Global Economic Symposium an der Copacabana. Und alle drei sind dabei. Dennis Snower, der US-Ökonom, Jahrgang 1950, ist als Chef des Kieler Instituts für Weltwirtschaft der Gastgeber des jährlichen Treffens. Tania Singer, Jahrgang 1969 und Direktorin am Max-Planck-Institut in Leipzig, stellt die Thesen der Mitgefühlsforschung vor. Ihr Mitstreiter auf der Bühne ist Matthieu Ricard, Jahrgang 1946, Bestseller-Autor, Leiter eines Klosterverbundes in Nepal und französischer Übersetzer des Dalai Lama.

Snower erklärt, die »Voice of Reason« (Stimme des Kalküls) und die »Voice of Care« (Stimme des Kümmerns) gehörten zusammen, auch wenn sich die Ökonomen zu lange nur um Erstere gekümmert hätten. »Beide können trainiert werden, beide können analysiert werden«, so der Gastgeber.

Singer unterteilt die Motivationen für soziales Verhalten noch genauer. Da sei das System des Mitgefühls, also des Kümmerns, Tröstens, der Liebe und des Schutzes für andere. Dann das Suchsystem, mit dem der Mensch nach dem greift, was er selbst braucht – also das System des Wollens, des Strebens nach mehr, der Erregung. Und schließlich das Bedrohungssystem, in dem es um Sorge, Unruhe und das Bedürfnis nach Sicherheit geht. Jedes hat sogar seinen eigenen chemischen Botenstoff: das »Bindungshormon« Oxytocin, das »Glückshormon« Dopamin und das »Stresshormon« Cortisol.

Matthieu Ricard berichtet, wie all das zu Jahrtausenden der buddhistischen Erfahrung passt. Mit richtig verstandener Meditation könnten die Menschen die Motivation des Mitgefühls und ihre Kooperationsfreude stärken. Der Effekt zeige sich auch im Hirnscanner. Ricard ist einer der Ersten, der in der Röhre meditierte, und je nachdem, worauf er sich konzentrierte, pures Bewusstsein, das Leiden in der Welt oder Freude, wurden andere Gehirnregionen aktiv. Und mehr noch: Durch das Meditieren verändern die Menschen den Aufbau des eigenen Gehirns. Darin liege eine große Möglichkeit für unsere Gesellschaft, erklärt der Mönch. Das Bewusstsein könne sich deutlich schneller entwickeln als nur durch die langsame Evolution.

Das Symposium ist auch eine Art Wettbewerb. Experten stellen verschiedenste Ansätze vor, um globale Probleme zu lösen. So geht es etwa um Energie und Umwelt, Frauen und Gleichberechtigung, Banken und finanzielle Sicherheit. Am Ende wird abgestimmt, welcher Ansatz der wichtigste sei. Zu aller Erstaunen erhalten Singer und Ricard die meisten Stimmen. Vom Strand von Rio erklingt ein Startschuss: Um sich zu retten, soll die Welt den Altruismus fördern. Auch in Davos, beim World Economic Forum, rückt das Thema später vom Rand ins Zentrum, viele Manager zieht es zu Singer, Ricard und auch Snower, sie hören zu und meditieren mit. So viel haben diese drei ungewöhnlichen Menschen geschafft.

»Ich bin als Wir zur Welt gekommen«, sagt Tania Singer und meint damit, dass sie ein eineiiger Zwilling ist und auf fast schon komische Weise ebenso aussieht, redet und gestikuliert wie ihre Schwester, eine Musikprofessorin in Weimar. Sie musste das Ichsein erst lernen. Gerade deshalb erkannte sie bald in ihrem Leben, dass sich die Gesellschaft zu sehr auf den Einzelnen konzentriert.

Sie studierte Psychologie, arbeitete am Theater und wollte eigentlich Regisseurin werden. Doch mehr noch wollte sie schließlich wissen, wie wir alle uns in Beziehungen verhalten und wie wir uns gegenseitig emotional beeinflussen. Um dies herauszufinden, entschied sie sich schließlich für eine Laufbahn, die für sie zuvor nie in Frage gekommen war: Sie wurde Gehirnforscherin wie ihr bekannter Vater Wolf Singer.

Ihr erstes Experiment handelte davon, wie sich Schmerzempfinden zwischen Menschen überträgt. Dafür bat sie Menschen paarweise in den Scanner, einer bekam einen Schmerzreiz, und wenn der andere es erfuhr, sah man in seinem Gehirn dieselbe Aktivierung. Er litt mit. Aber nicht immer. Wurde der andere als unfair wahrgenommen, dann war das Mitgefühl blockiert.

Damit wurde schon vieles deutlich. Das Mitgefühl erwies sich als fragil, aber es war auch so stark und ansteckend, dass es das Bild vom »homo oeconomicus« hinterfragte, das uns alle als rational kalkulierende, mit festen Vorlieben versehene Egoisten beschreibt. Als Professorin in Zürich wurde Tania Singer nun eine Art Alternativökonomin. Im Forschungsprojekt »Zurich Prosocial Game« zeigte sie, dass Menschen eher anderen vertrauen und mit ihnen kooperieren, wenn sie zuvor ein kurzes meditatives Mitgefühltraining erhalten haben. Sie sind dann offener für ihre Gegenüber.

Die Vorurteile waren – und sind – groß. Das Kümmern als Forschungsobjekt, das Messen von Gefühlen? Sie bildeten sich genauso im Gehirn ab wie Sprache, Denken oder Wahrnehmung, erklärt die Direktorin für »Soziale Neurowissenschaft«, wie ihre junge Disziplin heißt.

Ökonomen wendeten auch ein, dass ein wirtschaftliches System auf Konkurrenz und nicht auf Kümmern fußen müsse. Dieses Caring-System sei aber von der Evolution als überlebenswichtig erkannt worden und bei Frauen wie Männern aktivierbar, so die Antwort der Expertin, die fortan untersuchte, wie man das Mitgefühl bewusst stärken kann.

Da war es ganz natürlich, in die Kooperation zwischen fernöstlichen Buddhisten und westlichen Wissenschaftlern einzusteigen. Der Dalai Lama hatte gemeinsam mit amerikanischen Ideen- und Geldgebern das Mind and Life Institute ins Leben gerufen, das mittlerweile auch einen europäischen Ableger hat. Es verknüpft Einsichten und Traditionen des Meditierens mit akademischen Messungen und Theorien. Ein wichtiges Ergebnis der gemeinsamen Arbeit ist: Das Gehirn verändert sich deutlich sichtbar, wenn es dauerhaft »trainiert« wird.

Genauso wie wir Muskeln trainieren, können wir auch das Gehirn trainieren, hat Tania Singer gelernt. Wir können üben, aufmerksam zu sein, das Herz zu öffnen, Abstand zu unserem Geist und unseren Gedanken zu gewinnen. »Am Ende entstehen wissenschaftlich fundierte Programme, um Qualitäten wie Mitgefühl auf der Welt zu stärken.«

Auf der Welt heißt nicht zuletzt: in der Wirtschaft. Wenn man ihre Motivation fürs Miteinander stärkt, so fand Singer heraus, dann reagieren die Menschen anders. Zum Beispiel empfinden sie bei Wettbewerbsdruck oder angesichts enger Abgabezeiten weniger Stress. Das ist für hartgesottene Ökonomen noch erträglich, aber das »Herz öffnen«? Singer nennt es eine für Ökonomen

»besonders hart zu schluckende Pille«, dass sich so etwas wie Dankbarkeit, Liebesfähigkeit und Mitgefühl schulen lässt. In der Folge richten sich Menschen eher daran aus als an Motivationen wie Macht und Gewinn. Diese sind auch wichtig, aber für Tania Singer kommt es auf die Gewichtung an, und die könne man ändern, sagt sie auf ihre fröhlich-bestimmte Art.

Große Einsichten brauchen große Studien. Singer legte das »ReSource«-Projekt mit mehr als 300 Probanden auf. Weit über die Hälfte von ihnen absolvierte ein fast ein Jahr währendes Trainingsprogramm. Sie meditierten immer wieder mit speziellen Lehrern in der Gruppe und übten zu Hause täglich weiter. Singer und ihre Mitarbeiter befragten die Leute regelmäßig, durchleuchteten ihre Gehirne, ließen ihr Blut untersuchen. Sie schufen »Big Data« über die Folgen des Meditierens.

Das Programm sollte den Alltag begleiten und nicht unterbrechen. Die Teilnehmer mit einem Durchschnittsalter von 43 Jahren standen zumeist in der geschäftigen Mitte des Lebens und hatten bislang wenig meditiert. Nun wurde in drei Abschnitten ihr »Geist kultiviert«, wie Singer das nennt. Zunächst war Achtsamkeit das Ziel, also aufmerksam und ruhig im Hier und Jetzt zu stehen. Erst auf den zwei Stufen danach ging es um soziale Fähigkeiten. Die Teilnehmer übten, mitzufühlen und sich selbst und die Gedankengänge der anderen besser zu verstehen. Dazu gehörte auch, dass sich zwei Teilnehmer übers Telefon und in persönlichen Treffen austauschten. Erst redete der eine, etwa darüber, was ihn dankbar mache, und der andere hörte zu, dann war es umgekehrt. Wer zuhörte, durfte nicht unterbrechen, nicht kommentieren, nicht einmal nicken. Den anderen wirken lassen war die Devise.

Auch das Forscherteam selbst meditierte bei seinen Treffen. Die Atmosphäre schien Singer freudvoller als bei vielen Business Meetings, die Entscheidungen seien weitsichtiger gewesen als in stressbeladenen Umgebungen, in denen jeder nur noch auf sich selbst schauen kann. Weniger irrelevante Aspekte, weniger Ego.

Das Riesenprojekt wird noch ausgewertet, aber die Grundthese ist wohl schon bestätigt: Menschen können ihre mentalen und sozialen Fähigkeiten steigern. Im Projekt vergrößerte sich mit der Zeit die Aufmerksamkeit der Teilnehmer. Wer sich zu verstehen lernte, konnte auch andere eher verstehen. Das Nähegefühl gegenüber dem Gesprächspartner nahm dauerhaft zu. Die Indizien sind also stark, dass man Mitgefühl und Vertrauen zu anderen trainieren kann.

Bloß, kommen wir damit gegen aggressive chinesische Konkurrenten an? Für Singer ist das eine Frage aus dem »Angst-System«. Wer vertraut, erhält ihr zufolge auch mehr Vertrauen zurück – und wehrt sich natürlich gegen diejenigen, die das ausnutzen. Demnach sollten Ökonomen das Denken an andere und ans Wohl der Gesellschaft als Gewinn behandeln und in ihre Theorien und Wohlstandsberechnungen aufnehmen. Herz und Hirn kommen dann zusammen.

Nichts scheint Matthieu Ricard selbstverständlicher. Er ist ein Mönch, und das sieht man ihm an. Das graue Haar ist abrasiert, das buddhistische Mönchsgewand so gebunden, dass ein Arm frei bleibt, auch draußen im Schnee von Davos, während drinnen im Kongresszentrum das World Economic Forum tagt. Mitgefühl mit allen Lebewesen ist für ihn persönlich Ziel und Gebot, aber, so wird er nicht müde zu betonen, wer es kultiviere, werde auch einfach zufriedener, gesünder, länger leben. Ricard ist der Spross einer französischen Intellektuellenfamilie, der Vater Jean-François Revel war ein landesweit bekannter Philosoph. Der Sohn forschte als junger Biologe mit den besten Pariser Professoren – bis es ihm reichte. Oder besser: bis sein Leben ihm nicht mehr reichte. Nach einer Asienreise gab er es auf, studierte mit Buddhismus-Meistern in Bhutan und fand den Weg zum Dalai Lama in Indien, dessen Reden und Dialoge er heute noch für französisch sprechende Zuhörer übersetzt. Der passionierte Skifahrer und Fotograf (er hat mehrere Bildbände über Nepal und den Buddhismus veröffentlicht) wurde bekannt, als unter dem Titel »Der Mönch und der Philosoph« ein Dialog mit seinem religionskritischen Vater erschien. Später meditierte er als erster buddhistischer Mönch am Mind and Life Institute im Scanner. Weil er dort fröhlich und zielgenau verschiedene Hirnregionen aktivieren konnte und das Liegen in der engen Röhre seine Gehirnaktivitäten überhaupt nicht beeinträchtigte, galt er bald als »glücklichster Mensch der Welt«, was er für absolut albern hält.

Andere Mönche mögen noch zufriedener und weiser sein, kaum einer ist einflussreicher und charismatischer als der Brückenbauer aus Paris. Vergangenes Jahr hat er sein Opus magnum veröffentlicht, es heißt »Altruismus« oder in der deutschen Ausgabe »Allumfassende Nächstenliebe«. Das Werk handelt davon, dass Mitgefühl uns und die Welt verändern kann und damit die wichtigste Antwort auf die Herausforderungen unseres Jahrhunderts ist.

Es ist eine riesige Abhandlung, ein Kompendium des Altruismus, das Ricard in fünf Jahren geschrieben hat. Darin bezieht er sich auf eine Vielzahl von Studien und empirischen Befunden, um erst einmal die Grundskepsis der westlichen Rationalisten zu überwinden, die da sagt: Es gibt keinen Altruismus im Sinne der absoluten Selbstlosigkeit. Wenn Menschen anderen helfen, dann verbinden sie damit eine Berechnung oder die Hoffnung, dass irgendwann etwas für sie dabei herausspringt. Geld. Ansehen. Ein gutes Gefühl. Was fürs Ego jedenfalls.

Wir alle können auch aus reinem Mitgefühl handeln, hält Ricard dagegen, und seine Indizien sind überwältigend. Ursprünglich hatte er angenommen, es sei allgemeiner Konsens, dass Altruismus in uns existiert – und wollte ein Buch darüber schreiben, dass wir ihn verbreiten müssen, um als Menschheit zu überleben. Aber dann stieß er auf all diese Denkschulen, die sagen, es sei immer ein selbstsüchtiges Motiv im Spiel. Und er dachte: »Dann bringt es auch nichts, den Altruismus in die Gesellschaft zu tragen, ihn in Schulen einzuführen und ihn zu kultivieren. Das wäre ja so, als versuche man ein Stück Kreide zu waschen und hoffe, es wird Gold daraus.« Erst einmal wollte er die Welt davon überzeugen, dass tatsächlich Gold in uns ist. So entstand schließlich ein Band von 915 Seiten.

Dass Menschen anderen helfen, damit ihnen später auch geholfen wird, ist für Ricard völlig in Ordnung. Es hält Gruppen und Vereine zusammen. Und er gibt auch gerne zu, dass selbst extrem mitfühlende Menschen bei Weitem nicht immer altruistisch handeln. Aber das selbstlose Motiv ist da, bei Kindern wie bei Erwachsenen. Und deshalb lässt es sich auch (ein)üben.

Heute, so Ricard, hätten die Gesellschaften ein eher düsteres Bild von der menschlichen Natur. Und Studien zeigten: »Wenn Sie das glauben, dann benehmen Sie sich auch so, dass der Glaube sich bestätigt.« Die Forscher, die den Altruismus verneinen, haben deshalb erheblichen Einfluss auf das Verhalten. Der Mönch will ihre Weltsicht widerlegen, weil es eine »Win-win-Situation« sei, wenn die Menschen einander mehr helfen würden. Erstens sei das zutiefst erfüllend und zweitens gehe es dem anderen dadurch auch besser.

Ricard berichtet, dass die buddhistischen Mönche auch eine Diskussion über Motive führten. Für sie gehe es gerade nicht darum, ein Buddha zu werden und sich großartig zu fühlen. Zu meditieren, um innerlich ruhig zu werden und wohlig in der »Ego-Bubble« zu leben, ist demnach der falsche Zugang. Man strebt vielmehr dorthin, um andere Lebewesen vom Leiden zu befreien.

Im September 2016 traf sich der Dalai Lama mit Wissenschaftlern und Aktivisten zu einer Mind-and-Life-Konferenz in Brüssel. An deren Ende hielt er eine öffentliche Rede und beantwortete Fragen von einigen der zehntausend Besucher. Eine junge Amerikanerin wollte wissen, ob sie sich weiter aufs Meditieren konzentrieren und Weisheit suchen oder gegen Gier und Aggression ihres Heimatlandes kämpfen solle. Der Dalai Lama wurde fast wütend und erklärte, es sei doch wohl klar, dass sie sich engagieren solle. Die Meditation als solche würde überschätzt. Es gelte, das Leben anderer zu verbessern.

»Was nicht für andere getan wird, ist die Tat nicht wert«, sagt Matthieu Ricard dazu. Heute üben sich viele Manager in Achtsamkeit und wollen im Augenblick leben. Doch achtsam und dadurch besonders effektiv können auch Sniper oder Psychopathen sein. Deswegen spricht Ricard im Englischen nur von »Caring Mindfulness«, von mitfühlender Achtsamkeit. Die Güte gehört für ihn dazu.

Ökonomen prüfen Altruismus, indem sie die Opferbereitschaft der Menschen untersuchen. Um fair zu sein oder anderen zu helfen, verzichten diese in Experimenten auf mögliche Gewinne oder nehmen Verluste in Kauf. Geht es nach dem französischen Buddhisten, ist das aber nicht die ganze Realität. Erstens können durch Kooperation beide Seiten auf lange Sicht gewinnen, auch wenn jemand am Anfang Verluste riskiert. Das ist das materielle Argument. Zweitens sagen viele Studien, dass der Helfende und Schenkende eigentlich derjenige ist, der am meisten Wohlbefinden gewinnt. Das ist das Zufriedenheitsargument. Und drittens ist es egal, ob Altruisten nun etwas Wohlstand einbüßen oder hinterher noch doppelt und dreifach belohnt werden. Es zählt nur das Motiv der Selbstlosigkeit.

Die buddhistische Religion braucht man dafür nicht. Im Modell von Ricard und Co. ändert der Mensch sein Denken und damit sein Bewertungssystem für die Welt. Dadurch kommt ein Prozess in Gang, weil der persönliche Wandel zum Umdenken bei weiteren Menschen führt. Dann ändern sich Wahlverhalten, Konsumverhalten oder Arbeitsverhalten, irgendwann ist eine kritische Masse erreicht, und Organisationen beginnen sich zu ändern. Es gibt eine gegenseitige »Ansteckung« oder, wie Ricard das nennt, eine Evolution der Kultur. Durch dieses Modell der gegenseitigen Beeinflussung von individuellem und kulturellem Wandel verknüpft der visionäre Mönch die Veränderung des Einzelnen mit dem Wandel von Institutionen und Wirtschafts- und Sozialpolitik.

Man kann sich einen solchen Prozess tatsächlich vorstellen. Menschen sind keine Inseln, ihre Vorlieben entstehen nicht bloß in ihnen. Sie werden viel stärker in ihrem Geschmack und ihrer Weltsicht von anderen beeinflusst, als Ökonomen das bisher wahrhaben wollten, und sie verlassen sich stark auf Verhaltensroutinen. Diese sind der Veränderung unterworfen. Mit einem höheren Maß an allgemeinem Mitgefühl und an Offenheit für andere könnten sich die Institutionen verändern. Schulen zum Beispiel oder der Sozialstaat, der dann auf mehr Hilfsbereitschaft und Abgabenehrlichkeit zählen könnte, und letztendlich sogar die private Wirtschaft. Zwei, drei Jahrzehnte würde ein solcher kultureller Wandel schon dauern, schätzt Matthieu Ricard.

Nur: Obwohl der Altruismus Unterstützung erhält, kippen Gesellschaften heute auch in die andere Richtung, in die der Populisten, die auf Abgrenzung, Wir-gegen-die und kurzfristigen Gewinn setzen. Sie sind es, die mit nationalistischem Unterton den Egoismus auf die Spitze treiben. Der Kapitalismus hat teilweise so extreme Züge entwickelt, dass sie damit viel Anklang finden. So schön also die Vision von einer altruistischeren und damit inklusiveren Gesellschaft ist: Das Ringen um mehr Mitgefühl ist keineswegs entschieden. Es wird das Jahrhundert mitbestimmen, und um hier zu gewinnen, muss auch das wirtschaftliche Denken und darüber die wirtschaftliche Praxis verändert werden.

Damit kommt Dennis Snower ins Spiel, der Feingeist unter den Spitzenökonomen. Sein Vater war Amerikaner, die Mutter Österreicherin, geboren wurde er in Wien, aufs College ging er in Oxford, Doktor der Volkswirtschaft wurde er in Princeton. Im Jahr 2004 kam er dann aus London nach Kiel als Chef des Instituts für Weltwirtschaft. Noch ein Neoliberaler, dachten linke Kritiker angesichts der marktfreundlichen Kieler Tradition. Und tatsächlich trat der Arbeitsmarktexperte dafür ein, dass das angeschlagene Deutschland sich flexibilisieren solle, um mehr Jobs zu schaffen. Doch im Innern ging es Dennis Snower um ganz andere Kämpfe als die zwischen Markt und Staat.

Snower hat schon immer seine nichtrationale Seite erforscht, er schrieb Gedichte und trat auch als klassischer Pianist auf. Und er zweifelte daran, ob sein Fach, die Ökonomie, das wahre Leben widerspiegelt. Anfang der achtziger Jahre, als Nachwuchsökonom in London, erhielt er einen Warnschuss. Damals wollte seine britische Frau wissen, was er eigentlich machte. Er erklärte ihr die Modellwelt, mit der er arbeitete, und sie antwortete unverblümt, das sei doch alles Unsinn. Er nahm sie nicht ernst, machte erst einmal Karriere als Mann des Mainstreams. »Ich brauchte zwanzig Jahre, um die Weisheit in ihren Kommentaren zu verstehen«, sagt er heute. Die Annahmen über unser angeblich so rationales ökonomisches Verhalten seien tatsächlich absurd.

So lange gewartet zu haben, ist ein Drama in Snowers Leben. »Ich bereue es fürchterlich«, sagt er. Sicher sei es wichtig für die Gesellschaft, den Arbeitsmarkt oder die Inflation zu untersuchen. Aber nur in Anreizen und individuellem Verhalten zu denken, nein, das gehe an der realen Welt vorbei. Ökonomen hielten nur das für untersuchenswert, was sie mithilfe des Modells vom profitmaximierenden Menschen erklären könnten. Vieles blieb da unbeantwortet, vieles stimmte nicht.

Anfangs fehlte Snower das Werkzeug, um zu verstehen, was genau das war. Dann begegnete er Tania Singer, die ihn mit Studien und Lesematerial zur Natur des

Menschen versorgte. Snower las wie ein Besessener. Die soziale Neurowissenschaft und andere Forschungen zum menschlichen Miteinander wurden für ihn zu einer neuen Erkenntnisgrundlage.

So wurde aus dem Vertreter der sogenannten neoklassischen Theorie ihr radikalster Kritiker. Es fing schon im Privaten an. Ökonomen lieferten eine Theorie der Familie, in der alle etwas gaben, um später etwas zu erhalten. So ein Unsinn, fand Snower angesichts der unbedingten Liebe, die er empfand, als sein erstes Kind kam, und die nicht wieder nachließ.

Wenn es einen Kernsatz in seiner Kritik an der Ökonomie gibt, dann diesen: »Das Wichtigste spielt sich zwischen den Menschen ab.« Und genau hier ist die Wirtschaftswissenschaft gar nicht präsent. Zwischen der Mathematik der Ökonomen und den persönlichen Beziehungen der Menschen sowie ihrer sozialen Gemeinschaft klafft ein riesiger Graben. Und Snower will ihn überwinden.

Seine Kritik könnte nicht grundsätzlicher sein. Vorlieben, Zielsetzungen, Motivationen – mit einem Wort dasjenige, was uns antreibt, wird von den zwischenmenschlichen Beziehungen erheblich mitbestimmt. Ja, wenn man es recht bedenkt, können diese Präferenzen und Ziele überhaupt nur im Miteinander festgestellt werden. Sie sind gerade nicht fest im Gehirn des Einzelnen verankert, wie es die Ökonomie annimmt, sie sind dort gar nicht zu finden. Man kann es an sich selber sehen: Wir bewerten Dinge und Dienstleistungen in Relation zu dem, was andere mögen und haben. Oft ziehen wir sogar erst einen Nutzen daraus, wenn wir sie mit anderen gemeinsam verwenden oder sie ihnen zeigen können. Snower kann all das mit seinem tiefen, sanften Timbre in schöne Worte fassen wie diese: »Der Sinn ökonomischer Entscheidungen entsteht zwischen Menschen.« Oder: »Was ich im Leben suche, hängt fundamental von Beziehungen ab.« Genau diese Einsicht fehlte ihm immer in der Ökonomie.

Psychologen wissen schon länger aus ihren Studien: Das, was wir von der Welt erfassen, wird durch Interaktion mit anderen beeinflusst. Wir lesen Emotionen aus dem Gesicht des Gegenübers ab, simulieren sie in uns und reagieren darauf. Werden wir dadurch positiv gestimmt, erweitert sich unser Wahrnehmungsfeld. Werden wir negativ gestimmt, verengt es sich. Wir nehmen dann buchstäblich nur kleinere Ausschnitte der Umwelt wahr.

In der klassischen Ökonomie hängt dagegen das meiste am Einzelnen. Er bringt stabile Präferenzen mit zum Markt, maximiert seinen Nutzen, und weil alles so klar zusammenhängt, kann man aus seinem Wahlverhalten diese Präferenzen erkennen und weiß, was ihm besonders nutzt und was nicht.

Nun hat aber die volkswirtschaftliche Lehre in den vergangenen Jahrzehnten schon eine kleine Revolution durchlaufen. Verhaltensökonomen machten Schluss mit dem Bild vom Menschen als rationalem Egoisten und ersetzten es durch Qualitäten, die man in der Wirklichkeit tatsächlich beobachten kann. Demnach macht der Mensch

Fehler bei der Verfolgung des eigenen Glücks und folgt anderen Zielen als nur dem strengen Eigennutz, ist in Bezug auf andere getrieben von Fairness oder auch Neid.

Die Verhaltensforscher suchen nach Mustern, die vom rein rationalen Handeln abweichen. Doch auch sie sind laut Snower zu deterministisch. Er fragt nicht nach dem Verhalten, sondern nach der Motivation dahinter: »Sie ist der Grundstein des Verhaltens. Sie sagt mehr über das Verhalten aus als das Verhalten selbst.«

Was er meint, lässt sich etwa festmachen am Konzept der bedingten Kooperation. Viele Menschen sind demnach kooperativ, solange die anderen es ebenfalls sind, andernfalls fallen sie zurück in den Konkurrenzmodus. Tatsächlich aber steht ein solches Verhalten gegenüber anderen keineswegs von Vornherein fest. In jeder Situation wird es beeinflusst von den jeweiligen Umständen und Beziehungsdynamiken und kann sich schlagartig ändern.

Bei alledem bleibt Dennis Snower ein Ökonom. Seine Zunft versucht über Einzelfälle hinaus grundlegende Zusammenhänge modellhaft zu formulieren. Genau das macht der Mann aus Kiel nun auch und entwickelt Modelle, bei denen sich nicht bloß das Verhalten ändert, sondern zunächst einmal – eine Stufe darunter – die Motivlagen wechseln.

Dort entstehen andere Welten als in bisherigen Modellen. Die Menschen haben unterschiedliche Motive im wirtschaftlichen Handeln. Sie wollen sich um andere kümmern, aber auch ihren Status im Vergleich zu anderen verbessern oder eben einfach etwas für sich haben. Welches Gewicht die einzelnen Motive haben, hängt von der Umgebung ab. So sind die Menschen innerhalb ihrer eigenen, begrenzten Gemeinschaften deutlich fürsorglicher als gegenüber Dritten.

Was nun, so fragen Snower und Co., wenn der technische Fortschritt die Individualisierung vorantreibt und die Gruppen, zu denen wir uns zugehörig fühlen, verkleinert? Antwort: Dann lässt das Kümmern nach, und der Wunsch, sich am Markt zu behaupten, nimmt mehr Raum im Antrieb der Menschen ein. Sosehr Innovationen also den materiellen Wohlstand anheben, nehmen sie den Menschen damit auch einen (sozialen) Teil ihres Wohlbefindens weg. Das könnte teilweise das Glücksparadox moderner Gesellschaften erklären, die immer mehr Wohlstand produzieren, während das Niveau der Zufriedenheit stagniert. Demnach läge das nicht nur daran, dass wir uns an luxuriösere Dinge schnell gewöhnen und sie ihren Reiz verlieren, wenn der Nachbar sie auch hat. Ein Grund wäre auch, dass unsere altruistische Seite zurückgedrängt wird.

Die Motive des Kümmerns und des Wollens, die bei verschiedenen Menschen natürlich verschieden ausgeprägt sind, unterscheiden Snower und Co. auch in einem noch allgemeineren Modell. Je nachdem, ob die Menschen mehr Situationen ausgesetzt sind, in denen Erfolg in der Kooperation besteht, oder solchen, in denen es um das konkurrenzhafte Streben geht, wird nicht nur das eine oder das andere Motiv gestärkt. Es ändern sich damit auch die Vorlieben oder »Präferenzen«.

Klassischerweise beeinflussen Ökonomen Verhalten nur, indem sie monetäre Anreize setzen. Doch dieses neue Modell sagt: Es gibt viel mehr Möglichkeiten. Und es offeriert dafür einen Dreischritt. Erstens kann die Politik die soziale Situation beeinflussen, kann mehr Kooperativen schaffen und generell Umgebungen, in denen man sich für andere engagiert. Damit kann sie zweitens die Motivlage der Menschen verändern. Und dadurch nimmt sie drittens Einfluss auf ihre Präferenzen, die hier alles andere als vorgegeben sind.

Schon bisher versuchen Staaten auf Grundlage der Verhaltensökonomie, die Entscheidungen der Menschen durch veränderte Rahmensetzungen zu beeinflussen. Sie nutzen unsere Psychologie, um uns in eine bestimmte Richtung zu stupsen – »Nudging« im Englischen –, damit wir zum Beispiel eher zu Organspendern werden oder mehr für die Umwelt tun. Bei Snower geht das Anstupsen viel tiefer. Das Motiv des Kooperierens und Kümmerns wird verstärkt, und zwar nicht für den Moment. Auch dauerhaft ändern sich dadurch die Dispositionen vieler Leute, und die allgemeine Neigung zu Solidarität nimmt zu. Das befördert einen Umbau der Gesellschaft hin zu mehr Inklusivität. Spaltungen werden verringert.

Jetzt sind wir mitten in dem, was Snower und auch Singer »Caring Economics« nennen. Dabei geht es um die Balance zwischen Egoismus und Altruismus, zwischen

Wollen und Kümmern, Selbstbezug und Fürsorge, individuellen und gemeinschaftlichen Zielen. Aus der Frage des Nutzens wird allgemeiner die Frage des Wohlbefindens, die automatisch auch unsere altruistische Seite mit einbezieht. Und dieser Ansatz gewinnt an Ansehen. Beim Jahrestreffen der mächtigen American Economic Association im Jahr 2015 organisierte Dennis Snower dazu einen ganzen Schwerpunkt mit alternativ denkenden Nobelpreisträgern wie dem US-amerikanischen Wirtschaftswissenschaftler George Akerlof.

Caring Economics sagt, dass Güter und Dienstleistungen zwar wichtig sind fürs Leben. Aber erst Beziehungen geben ihnen ihren Wert. Und auf einmal geht es im ökonomischen Denken nicht mehr nur um die Dynamik des Marktes und der technischen Innovation, sondern auch um die Dynamik einer sich verändernden Gesellschaft. Und es beschäftigt sich damit, diese zu beeinflussen.

Allerdings verläuft wissenschaftlicher Fortschritt nie schön gerade in eine Richtung. Auch an dieser Forschung gibt es Kritik. So stellten Mitgefühlforscher zwar fest, dass Zufriedenheit und Altruismus positiv miteinander verbunden sind. Aber liegt das daran, dass Geben glücklich macht – oder nur daran, dass die Glücklichen mehr geben?

Allgemeiner wird infrage gestellt, ob das Wohlbefinden eines Menschen wirklich dauerhaft steigt, wenn er weniger am Eigennutz orientiert ist. In einer neuen Studie konnten Teilnehmer wählen zwischen 100 Euro für sich selbst und 350 Euro, um fünf Personen sechs Monate lang gegen Tuberkulose zu behandeln. Statistisch gesehen stirbt dann in diesem Zeitraum ein Mensch weniger. Teilnehmer, die weniger für sich nahmen und mehr für die Kranken gaben, zeigten sich direkt danach zufriedener als zuvor. Doch dieser Effekt hielt nicht an, wie eine weitere Befragung drei Wochen später zeigte. Da war die Zufriedenheit im Schnitt deutlich gesunken. Auf Basis solcher Versuche wird wieder die Grundsatzfrage nach der menschlichen Natur gestellt: War hier wirklich selbstloser Altruismus am Werk, oder haben Menschen der Imagewirkung halber geholfen: Seht her, ich bin einer der Guten?

Auf Skeptiker wirken die Zeichen des Mitgefühls also nach wie vor als Strohfeuer in unserem Verhalten. Hier schließt sich der Kreis zu Matthieu Ricard, der keineswegs alle davon überzeugt hat, dass Menschen wirklich aus sich heraus helfen wollen und mithin auch diesen Charakterzug stärken und ihre Persönlichkeit in diese Richtung verändern können. Doch seine Indizien lassen sich nicht einfach wegdebattieren, und die Wahrheit liegt wohl in der Mitte. Nicht alles, was nach selbstlosem Helfen aussieht, ist wahrhaft altruistisch, aber vieles. Und das kann gestärkt oder geschwächt werden.

Vor gut zehn Jahren erforschten Ökonomen in israelischen Kindergärten die Motive der Eltern. Bis dato ernteten diese höchstens böse Blicke, wenn sie ihre Kinder zu spät abholten. Nun aber, im Experiment, wurde dafür eine Strafe fällig. Das Ergebnis war zur Überraschung der Freunde monetärer Anreize, dass die Verspätungen deutlich zunahmen. Und die Erklärung war durchaus einleuchtend: Zuvor wurde die Situation als sozial wahrgenommen, man wollte (und sollte) den Arbeitstag der Betreuer nicht willkürlich verlängern. Es war also ein Akt der Anständigkeit, pünktlich zu erscheinen. Doch dann kam Geld ins Spiel, mit dem man sich die längere Betreuungszeit sozusagen kaufen konnte. Aus einer zwischenmenschlichen Frage wurde eine Frage des Geldes, aus Beziehung wurde Markt.

Auf die Gesellschaft ausgeweitet, will das ungleiche Trio Singer, Ricard und Snower die Motivation nun in die andere Richtung bewegen. Es will Verständnis für die Wirkung von Mitgefühl erzeugen und einen gewaltigen Veränderungsprozess in Gang bringen. Der setzt beim Einzelnen an mit einem erweiterten Verständnis von Wohlbefinden, mit der Kraft der Meditation und dem Streben des Einzelnen nach mehr Achtsamkeit und Altruismus. Und er setzt am System an, bei der Umgebung also, die uns so stark beeinflusst.

Dabei geht es nicht nur um die Politik, die mehr Räume fürs Zusammenwirken und fürs Helfen schaffen kann. Erste Schulen versuchen bewusst, Kindern die Fähigkeit der Empathie und der friedlichen Konfliktlösung nahezubringen. Die Kinder sollen sich auch selbst besser kennenlernen, indem sie sich zum Beispiel regelmäßig auf einem Gefühlsbarometer verorten.

In Unternehmen und der ihnen nahen Forschung wächst das Interesse am Altruismus ebenfalls. Das Compassion

Lab der Universität von Michigan in den USA untersucht, welche Faktoren das Mitgefühl in einem Unternehmen fördern können, und kommt zu ersten Antworten. Firmen sollten innerbetriebliche soziale Netzwerke zum Austausch von Sorgen und Tipps einrichten – oder schlicht Orte und Zeiten für regelmäßigen zwischenmenschlichen Kontakt. Auch hilft demnach eine Unternehmensleitung, die Anteil nimmt, Bescheidenheit vorlebt und empfänglich für fremde Standpunkte ist.

Recht so, sagt Thupten Jinpa, der tibetische Präsident des Mind and Life Institute. Er will gegen die Vorstellung von der selbstsüchtigen Natur des Menschen angehen, weil sie aggressives Konkurrenzdenken ebenso verstärke wie einen hemmungslosen Verbrauch natürlicher Ressourcen. So falsch die Vorstellung seines Erachtens ist, nährt sie sich doch selber. Je mehr Menschen sie teilen, desto stärker wird das Gegeneinander, und immer mehr sehen sich gedrängt, mitzumachen und sich gegen Übervorteilung zur Wehr zu setzen.

Wird dieser Kreislauf erst einmal durchbrochen, dann ändert sich auch das Wirtschaften. Jinpa meint, genau das geschehe, da eine wachsende Zahl von Reformern alternative wirtschaftliche Ansätze mit Erfolg betreibe. Sein Lieblingsbeispiel ist die britische Camellia Group, deren Gründer sich weniger als Eigentümer denn als Treuhänder sieht und den Mitarbeitern sichere und selbstbestimmte Jobs anbieten will. Früh ließ der Konzern seine indischen Teeplantagen von Einheimischen in der Region verwalten und sorgte dafür, dass die lokale Gemeinschaft auch Schulen, Hospitäler und Versammlungsorte hatte.

Der ehemalige McKinsey-Berater Frédéric Laloux hat über das Einzelbeispiel hinaus die »Neuerfindung der Organisationen« zum viel beachteten Thema gemacht. Erst finanzierte er seine Studie im Jahr 2014 selbst, dann wurde sie zum Bestseller. In seiner Arbeit wendet er sich gegen seelenlose, hierarchisch orientierte Unternehmen, in denen jeder nur auf den eigenen Vorteil schaut und sich von den anderen und dem Leben insgesamt abgespalten fühlt.

Laloux' These: Es muss anders gehen, und erste Organisationen zeigen auch längst Wege dafür auf. Von einer holländischen Firma für mobile Krankenpflege über einen französischen Autozulieferer bis zu einem globalen Kraftwerksbetreiber – bei den zwölf von ihm vorgestellten Unternehmen findet man erstaunliche Gemeinsamkeiten. Die Mitarbeiter führen sich in eigenverantwortlichen Teams großteils selbst. Sie werden ernst genommen in ihren beruflichen, persönlichen und sogar spirituellen Bedürfnissen. Und die neuen Gebilde »hören auf den evolutionären Sinn«, das heißt, sie wollen nicht die Zukunft von oben planen und kontrollieren, sondern versuchen zu verstehen, wohin sich die Organisation mit all ihren Mitgliedern entwickeln und welchem Zweck sie dienen will.

Man könnte das als »Wisdom of the Crowd«, als Weisheit der Masse, verstehen: An den verschiedensten Stellen der

Organisation entsteht ein Verständnis für die Umwelt der Firma und die Bedürfnisse ihrer Kunden, und daraus ergeben sich Entwicklungsmöglichkeiten, die ein Vorstand allein gar nicht alle kennen kann. Hinter dem Vorgehen steht jedenfalls ein erhebliches Vertrauen in die Menschen, die sich kreativ und eigenständig entfalten sollen.

Ist das, wie der Autor sagt, schon Ausdruck eines neuen globalen Bewusstseins? Vielleicht nicht, aber es zeigt, dass der Mensch als Ganzes mitsamt seinen Motiven heute in Teilen der Wirtschaft eher wahrgenommen wird als früher und dieses Verständnis umgesetzt wird. Das heißt dann mitnichten, dass gar kein Gewinn mehr erzielt wird. Es bedeutet, dass für mehr kurzfristigen Profit und Marktanteil nicht das geopfert wird, worum es eigentlich geht: das Wohlbefinden der Menschen, die Nachhaltigkeit des Wirtschaftens und die moralische Balance von beiden.

Der Wille zum gemeinschaftsorientierten Handeln scheint durchaus zu existieren – ebenso eine neue Begeisterung dafür, wirtschaftliches Denken und Altruismus zu verknüpfen. Der Oxford-Philosoph William MacAskill hat viel Aufmerksamkeit gewonnen mit seinem Plädoyer, bei der Verbesserung der Welt möglichst ökonomisch vorzugehen. »Das Gute besser tun« heißt sein Buch, das konkret zeigt, wie man besonders wirksam helfen kann. Ausgehend von Oxford ist »Effektiver Altruismus« ein Ansatz geworden, der gerade Leistungsträger fürs Helfen gewinnt.

Man muss da nicht jedes Detail gutheißen, um zu sagen: Es ist etwas im Gange. Derzeit mag die Bewegung der Populisten relativ erfolgreich sein und wie ein Rückschritt der Welt in archaische Zeiten wirken. Doch an der Gegenbewegung wird gearbeitet. Das Ringen um und das Bekenntnis zum Mitgefühl könnten dieses Jahrhundert mitprägen.

Kapitel 2

The New Data Deal
So behaupten wir uns in der Datenwirtschaft

In diesem Jahrhundert leben die Menschen erstmals in zwei Welten, der analogen und der digitalen, der physischen Welt also und dem Internet. Das klingt hübsch geordnet, war es am Anfang auch, ist es aber längst nicht mehr. Die beiden Welten verschmelzen in wachsendem Tempo, und wie so oft verändert dabei vor allem die neue Welt die alte. Mit ihren Mitteln verwandelt sie unsere gesamte Ökonomie, den Arbeitsmarkt, den Konsum, das Sparen. Die Wirtschaft wird weit über die Online-Anbieter hinaus von der Macht der Daten und der Algorithmen erfasst. Autounternehmen, Maschinenbauer, Medizinanbieter, Finanzdienstleister – alle beginnen sich als vernetzte Unternehmen zu verstehen, deren Produktwelt sich dank künstlicher Intelligenz rasant verändert.

Große Worte. Einerseits wirken sie höchst dramatisch, andererseits kommt der Wandel nur nach und nach bei den Menschen an: Im Alltag bemerken ihn viele – wie

Frösche im langsam heißer werdenden Wasser – gar nicht. Deshalb wirken die Warnungen (fast die Hälfte aller Jobarten sind einer berühmten Oxford-Studie zufolge bedroht) und die Verheißungen (das Silicon Valley löst die großen Probleme der Menschheit) oft sehr weit weg. Man neigt zur Reaktion: Was wollt ihr alle, die Welt um uns herum ist doch noch so wie zuvor.

Nicht anders war es bei der industriellen Revolution im 19. Jahrhundert. Der Wandel vollzieht sich zunächst in alten Hüllen (Jobs, Produkten) und lässt diese Hüllen erst viel später zerplatzen. Und er verläuft nie genau so, wie er vorhergesagt wurde, weil er trotz aller technologischen Veränderungskraft doch von Menschen gemacht wird. Sie erreichen viele Ziele nicht, andere übertreffen sie bei Weitem, und vor allem entscheidet sich in ihrem Miteinander, wie Innovationen angenommen und umgesetzt werden.

Kein Wandel, der mit menschlichen Reaktionen und Beziehungen zu tun hat, ist wirklich vorherbestimmt. Das zu erkennen, ist überaus bedeutsam, damit wir den Veränderungsprozess, der um uns herum und mit uns mittendrin geschieht, richtig einschätzen. Tatsächlich wird heftig um die Umsetzung des digitalen Potenzials und um die Folgen für uns alle gerungen. Und dieses Ringen tritt in eine entscheidende Phase. Es geht wie immer in der Geschichte der Wirtschaft um die Frage, wer die Kontrolle hat. Darin liegt Gefahr, natürlich, aber auch eine ungeheure Chance für die Normalbürger und für einen inklusiven Kapitalismus, der den Einzelnen ermächtigt und nicht die Macht in den Händen einer neuen Elite konzentriert. Schließlich stellen die Menschen täglich neu den Rohstoff dieser »Revolution« her.

Früher war es Öl, das die Weltwirtschaft antrieb. Heute und morgen sind es Daten, mit deren Hilfe viele Innovationen entwickelt werden und neuer Wohlstand entsteht. Bloß sind Daten wirtschaftlich betrachtet vollkommen anders als Öl. Erstens sind sie teilbar, was heißt, dass sie nicht nur einer nutzen kann. Viele können sie gebrauchen, verarbeiten und veredeln, parallel und nacheinander. Zweitens enthalten sie kein bei der Verbrennung frei werdendes Klimagas, ihre Nebeneffekte zeigen sich eher fallweise in Gefahren für Privatheit und Sicherheit. Drittens, und das ist hier am wichtigsten, befinden sich Daten nicht irgendwo in der Erde und können von Ländern konzessioniert und von Konzernen gefördert werden. Nein, wir sind es, die durch unsere Person und unser eigenes Verhalten in einem fort nutzbare Daten schaffen.

Die Produktion beginnt bereits, wenn wir morgens aufstehen. Es sei denn, wir tragen eine intelligente Uhr, die unseren Puls misst und die Schlafstunden aufzeichnet – dann hört sie überhaupt nie auf. Sonst fängt die Erzeugung von Daten an, wenn wir das erste Mal aufs Handy tippen. Seine Sensoren erkennen, wie schnell und wie weit wir uns bewegen und welchen Höhenunterschied wir dabei bewältigen, mit wem wir Botschaften austauschen, welche Nachrichten wir aufrufen, wie schnell oder langsam, aufgeregt oder gelangweilt wir auf dem Bildschirm herumwischen. Je nachdem welche Apps man aufgespielt hat, werden solche Daten nicht bloß erfasst, sondern gleich an ein großes Datenunternehmen wie Google weitergeleitet.

Nicht nur viele Uhren sind heute genauso vernetzte Sensoren wie Handys, das Gleiche gilt zunehmend für Kühlschränke, Heizungen, Stromzähler. Und wenn wir aus dem Haus gehen, sind es die Autos, die unseren Weg mitverfolgen. Dazu die Kameras überall in der Stadt, die uns registrieren. Parkhausschranken. Dann wieder die Bürocomputer. Es hört nicht auf. Wenn die großen Elektronikkonzerne recht haben mit ihren Prognosen, dann wird es schon zum Ende des Jahrzehnts eine Billion Sensoren auf der Welt geben, die registrieren, was wir Menschen tagein, tagaus so machen. Mehr als hundert pro Erdbewohner.

Wir erzeugen Daten, wenn wir Geld abheben oder mit der Kreditkarte bezahlen, Erspartes übers Internet anlegen oder dort ausgeben. Wenn wir eine elektronische Zeitung lesen oder die Wetter-App aufrufen. Ganz egal. Und Digitalunternehmen lernen, diesen Rohstoff zu nutzen. Er speist die Algorithmen, die sich durch sogenanntes Maschinenlernen fast automatisch weiter verbessern. Es kommt zu einer einzigartigen Verbindung zwischen Anbieter und Nutzer. Der Erste ist auf die Daten des Zweiten angewiesen. Der Zweite aber bekommt nur gute, auf ihn zugeschnittene Angebote, wenn er seine Daten auch preisgibt.

In diesem Verhältnis verbirgt sich ein großes Risiko: Nutzer können hinters Licht geführt oder schlicht ausgebeutet werden, als Kunden, Arbeitnehmer, Sparer und natürlich als Bürger im politischen Prozess. In diesem Verhältnis liegt allerdings ebenso ein riesiges Potenzial. »Big Data« verspricht nicht nur neuen Wohlstand, sondern auch mehr Selbstständigkeit und Selbstbestimmtheit für die Menschen. Schließlich haben die Nutzer a priori den gleichen Hebel wie die Anbieter: die Daten.

Wenn die Menschen, die sich heute in den westlichen Gesellschaften für Populisten begeistern und den liberalen Konsens aufkündigen, eines gemeinsam haben, dann dieses: In Umfragen sorgen sie sich regelmäßig, dass sie die Kontrolle über ihr Leben verlieren. Sie würden sie gerne zurückhaben. Für sie wirkt es so, als würden fremde Mächte sie genau daran hindern: unfaire ausländische Wettbewerber, einwandernde Kostgänger und Jobkonkurrenten, eine bestimmte Elite zu Hause, die Regeln vorgibt, nach denen sie selbst immer zu gewinnen scheint. Also wenden sie sich einer Politik zu, die verspricht, dass sie die alten Regeln und Usancen bricht, neue Grenzen zieht und unter allen Umständen nach Selbstbehauptung strebt.

An diesen und anderen Bürgern nagt das Gefühl der Fremdbestimmung. Sie wollen sich ihre Existenz selbst verdienen, Selbstachtung und Sicherheit erwerben, wo sie verloren ging. Die Frage ist, ob das Internet den Menschen dabei hilft oder im Wege steht.

Unter dem Motto »Lernen und Handeln in der digitalen Welt« findet Mitte November 2016 der zehnte deutsche IT-Gipfel in Saarbrücken statt. Mit dabei ist der Google-Chef Sundar Pichai. In einem kleinen Hotel oberhalb der Stadt lädt er zum Einzelgespräch. Einerseits ist der zurückhaltend-freundliche Mann aus Indien so gar nicht der typische Silicon-Valley-Chef, er tobt nie, wirkt nicht skurril oder aggressiv. »So entsteht keine Zufriedenheit«, sagt er dazu. Und doch passt Pichai ins Bild. Er verteidigt mit seiner ganzen Intelligenz den Glauben an die lebensverbessernde Kraft der Technologie. Sein Antrieb: »Ich wollte schon immer etwas für eine große Menge Menschen tun. Das motiviert mich sehr.« Er ist überzeugt, dass künstliche Intelligenz jetzt Wirklichkeit wird, verweist auf neue Übersetzungsprogramme, das Erkennen von Fotoinhalten und Personen und mehr. »All das zusammen macht mich höchst optimistisch.« Denn es werde uns allen nützen: »Wir können diese Systeme so verbessern, dass sie wirklich eine Idee von Nutzerzufriedenheit entwickeln.« Die Klage, dass Google zu mächtig sei, kann er dabei nicht nachvollziehen: Schließlich hätten die Menschen die Wahl zwischen mehreren Plattformen, und »die Innovationsmaschine auf der Welt ist so stark, dass jedes einzelne Unternehmen nur ein sehr kleiner Teil davon ist. Davon bin ich zutiefst überzeugt.«

Auf seine überlegte Art legte Sundar Pichai an diesem Novembertag die Philosophie des Valley dar, wie sie sich in der Phase der Unschuld entwickelt hatte. Doch diese

Phase endete gerade: Eine Woche zuvor war in Amerika Donald Trump zum Präsidenten gewählt worden. Seither sickert der Zweifel ins Mekka der Digitalerfinder und Digitalfirmen ein. Sie waren in ihrer Mehrheit die größten Unterstützer liberaler Politik, hielten sich an Clinton, Obama und wieder Clinton. Das Votum gegen das liberale Establishment war auch ein Votum gegen sie. Schon zwei Monate später, im Januar 2017, würde Googles Mitgründer Sergey Brin beim World Economic Forum in Davos nachdenklich erklären, man müsse den Zorn und die Ängste ernst nehmen, die sich in den Wahlergebnissen zeigten.

Die nagende Frage ist, ob große Datenplattformen wie die drei »A« – Apple, Amazon und Alphabet – wirklich alle Menschen gleichermaßen verbinden, ihr Leben besser und reicher machen. Oder ob sie nicht auch massiv zur Spaltung und Entfremdung beitragen. Nicht nur dass der Populismus soziale Medien erfolgreich nutzt. Die Algorithmen und Roboter der führenden Internetfirmen wirbeln die Wirtschaftswelt durcheinander, beseitigen Jobs, treiben damit die Ungleichheit voran. Gleichzeitig haben nicht alle Bürger gleich viel von den digitalen Angeboten. Es sind im Schnitt vor allem die sogenannten Eliten, die profitieren. Wissensarbeiter, die viel reisen, Freundschaften in aller Welt pflegen, Übersetzungen in ferne Sprachen brauchen, Unternehmen gründen wollen, Car-Share-Autos in der Stadt nutzen und so weiter. Die meisten Protagonisten des Valley wollten nicht böse oder schädlich sein: »Don't be evil«, so hieß das Motto früher bei

Google, und das war auch so gemeint. Doch jetzt werden sie verstärkt mit den unerwünschten Folgen ihres Tuns konfrontiert. In Europa wenden sich Kartellwächter gegen sie, vor allem Facebook sitzt wegen der »Fake News« und »Hassrede« auf der öffentlichen Anklagebank, Nutzer wollen falsche und schädliche Inhalte gestrichen sehen.

Doch dahinter steht eine noch grundlegendere Frage, die weit über einzelne Unternehmen hinausgeht: Wie fair ist der Daten-Deal, den wir heute als normale Nutzer mit den digitalen Anbietern haben? Und die Antwort lautet: nicht sonderlich. Er überlässt uns viel zu wenig Kontrolle, Selbstbestimmung und Wohlstand.

Schon auf den ersten Blick scheint sich das Geschäft vor allem für die führenden Unternehmen zu lohnen. An der Börse sind die Datenriesen, was die Öl-Multis früher waren: mit Abstand am teuersten. Allein Apple und Alphabet werden dort zusammen mit rund 1,4 Billionen Dollar gehandelt. Je nach Zeitpunkt und Dollarkurs ist das mehr, als alle Unternehmen im deutschen Dax-30-Index kosten, und es ist rund halb so viel wie die gesamte jährliche Wirtschaftsleistung der Bundesrepublik Deutschland. Dann folgt Microsoft, bald darauf Amazon und Facebook mit ähnlichen Börsenpreisen. Die Taxiplattform Uber und die E-Auto-Firma Tesla kosten zwar nur ein Zehntel dessen, haben aber schon die großen amerikanischen Autobauer in Detroit überholt, weil sie mehr mit Daten als mit Blech handeln. Und Börsenkurse sind ja nichts anderes als die ins Jetzt umgerechneten erwarteten Profite der Zukunft.

Profite wohlgemerkt, die mithilfe unserer Daten erzielt werden.

Da liegt die Frage nahe, ob wir den Wert dessen, was wir produzieren, wirklich zurückerhalten, wenn wir bei Google »umsonst« suchen, uns bei Facebook »kostenlos« sozial vernetzen, bei Apple Apps zum »Preis von null« herunterladen und bei Amazon so günstig wie möglich einkaufen dürfen. Natürlich nehmen die führenden Firmen nicht einfach die Daten von und über uns und verkaufen sie weiter. Vielmehr veredeln sie diese, machen daraus also nützliche Dienstleistungen, die immer weiter verbessert und auf den Einzelnen zugeschnitten werden. Die Firmen sind sozusagen die »Raffinerien«, und in ihren Algorithmen steckt ebenso viel Arbeit wie Genie.

Deshalb halten die führenden Digitalunternehmer die einfache Rechnung mit den Börsenwerten auch für unfair. Sie sei neidgetrieben, behaupten sie und meinen damit, sie hätten sich den Erfolg hart verdient. In der Tat muss man tiefer bohren, um zu erkennen, was für uns als Nutzer schlecht läuft und wie es besser laufen könnte.

Damit hatten die Öffentlichkeitsstrategen von Facebook und Co. nicht gerechnet: Im Mai 2017 erklärte der *Economist* auf seinem Titel Daten zur »Wertvollsten Ressource der Welt« und verlangte, dass die Datenriesen in ihre Schranken gewiesen werden müssten. Die Politik solle ihre Marktmacht eingrenzen und ihre Herrschaft über die Daten der Nutzer brechen.

Harte Worte, die aber auf ebenso harter Analyse beruhten. Das einflussreichste Magazin der Erde beschrieb, wie die Datenriesen die Nutzer nutzen, um ihre Produkte zu verbessern. Facebook zum Beispiel habe mithilfe seiner Mitglieder die Technik entwickelt, mit der seine Computer Hunderte von Millionen Menschen auf Fotos erkennen können. Uber lerne fortwährend aus der weltweit größten Informationssammlung über Fahrer und Passagiere. Und immer neue Unternehmen entstünden auf der Basis von Daten, nutzten Autofahrer als Warnsystem für Gefahrensituationen oder kleine Produktionsfirmen und ihre Maschinen als Datenlieferanten, um neue Industriedienstleistungen zu entwickeln.

Die Daten, das neue Öl. Doch anders als der Treibstoff der Industriegesellschaft lassen sich die persönlichen Daten schwer vermarkten. Nutzer können sie selbst und die Bedingungen ihrer Verwendung kaum kontrollieren, allein Apples abzuzeichnender Text mit den Nutzungsbedingungen ist über vierzig Seiten lang. Und selbst wenn sie stets bestimmen könnten, welche Daten sie weitergeben und welche sie für sich behalten wollen, so gibt es doch keinen funktionierenden Markt, um die ausgewählten Informationen meistbietend weiterzureichen. Die Datenökonomie ist kein Ort gemeinsamen Austausches, sondern eher eine Ansammlung von unabhängigen Silos, dem Apple-Silo, Uber-Silo und so weiter.

Was den Markt besonders schwierig macht: Anders als Öl sind Daten unterschiedlich wertvoll – der Kreditstatus oder auch der Familienstatus ist meistens bedeutsamer als

Daten über den Weg zur Arbeit. Außerdem ist ihr Wert davon abhängig, ob andere die Daten auch schon haben, was man ihnen ja nicht ansieht, es sei denn, sie sind über die sogenannte Blockchain-Technologie entsprechend gekennzeichnet. Natürlich versuchen spezielle Datenmakler-Firmen in die Lücke zu springen, andere Start-ups bieten Nutzern an, dass sie alle ihre Daten an einem Ort zusammenziehen und diese einzelnen Markenunternehmen gegen ein kleines Entgelt zur Verfügung stellen. Auch bei Microsoft, das selbst über keine den Facebooks dieser Welt vergleichbare Datenplattform verfügt, arbeiten Forscher an Algorithmen, die den Preis von Daten bestimmen.

Doch, so klagt der *Economist*, seien das bisher nur Nischenangebote. »Bis auf Weiteres sind Konsumenten und Online-Riesen in einer unbehaglichen Umarmung gefangen.« Das Magazin hat recht. Die Menschen kennen in der Regel den Wert ihrer Daten nicht. Und sie wissen nicht, was die Riesen damit machen. Es wird ja auch immer komplexer. Früher nutzten die Unternehmen die Daten vor allem, um Werbekunden zielgerichtete Spots anbieten zu können. Heute ist es die Königsdisziplin, mithilfe künstlicher Intelligenz aus den Daten neue, überlegene Produkte zu formen. Da ändern sich Preise ganz schnell.

So bleibt es dabei: Die Machtbalance ist gestört, der Austausch ist nicht fair, wenn de facto die Internetunternehmen den Nutzern die Bedingungen diktieren. »Wenn Daten noch wertvoller werden und die Datenökonomie an

Bedeutung gewinnt, dann werden die Raffinerien das ganze Geld verdienen. Und diejenigen, die Daten generieren, könnten sich gegen einen unfairen Austausch sträuben, der ihnen lediglich kostenlose Dienstleistungen bringt«, fasst der *Economist* die Bedrohungslage zusammen.

Die Herausforderung ist enorm, wenn man erreichen will, dass die Digitalwirtschaft die Menschen zusammenbringt und nicht weiter in Gewinner und Verlierer spaltet. Um sie zu bestehen, muss in jedem Fall bei den Menschen das Bewusstsein wachsen: Wir schaffen da etwas Werthaltiges, doch wir können die Früchte davon bisher nicht selbstbestimmt nutzen, vermarkten, genießen. Wenn Daten die Basis für einen großen Teil der Wertschöpfung im 21. Jahrhundert werden, und wenig spricht derzeit dagegen, dann ist es von zentralem Interesse für die liberale Gesellschaft, dass alle an dem Potenzial teilhaben können.

Natürlich reagieren die Internet-Mogule auf die neue Skepsis, die sich seit Ende 2016 verstärkt breitmacht. So hat Google in seiner europäischen Charmeoffensive schon eine Million Bürger in »digitalen Grundlagen« geschult. In einem Land sind es arbeitslose Jugendliche, in einem anderen Kleinunternehmer. Datenriesen reagieren vor allem, wenn ihre Nutzer bockig werden, so wie in Deutschland beim Datenschutz. Sundar Pichai verspricht den Deutschen, dass künstlich intelligente Programme den Nutzern dabei helfen werden, ihre Daten nach eigenen Maßgaben zu schützen. Jeder Einzelne könnte lernen, was ihm da wichtig sei, sagte er am Ende des Gesprächs in Saarbrücken. Zum Beispiel: »Hey, alles, was mit meiner Gesundheit zu tun hat, will ich nicht in Ihrem System haben.« Heute gelte solch eine komplexe Software, die das kann, »noch ein wenig als der Heilige Gral«, aber künftig werde es so etwas geben, so der Optimist vom Dienst.

Google ringt schon länger mit der öffentlichen Meinung, Facebook reagiert neuerdings auf die veränderte Stimmung. Lange verfolgte das Soziale Netzwerk die Mission, »Menschen die Möglichkeit zu teilen zu geben und die Welt offener und verbundener zu machen«. Im Februar 2017 erklärte der Facebook-Gründer Mark Zuckerberg in einem langen Schreiben, das genüge nicht mehr. Fortan soll sein Unternehmen mehr darauf achten, was mit den Menschen geschieht, nachdem sie sich mit anderen verbunden haben. Zuckerberg will Nutzern fortan helfen, Gemeinschaften zu schaffen, die hilfreich sind, sicher, informiert, gesellschaftlich engagiert und »inklusive« – alle einschließend. Sein Kernsatz lautet: »In Zeiten wie diesen ist das Wichtigste, was Facebook tun kann, eine soziale Infrastruktur zu entwickeln, die Menschen die Kraft gibt, eine weltweite Gemeinschaft zu errichten, die allen gerecht wird.«

Zuckerberg beschreibt, wie Facebook falsche Nachrichten und Hassbotschaften unterbinden will, in Schrift wie in Foto und Video. Und er legt Wert darauf, dass es allen zum Nutzen gereichen soll. Künstliche Intelligenz ist die Lösung für aktuelle und künftige Probleme, Facebook soll sogar ein Experimentallabor für demokratische Prozesse der Zukunft werden. Nur über Daten schreibt er so gut wie nichts. Der Kernkonflikt des Internet, der Daten-Deal zwischen denen, die Daten schaffen, und denen, die sie verarbeiten, kommt nicht zur Sprache. Das würde ja am Kern des Geschäftsmodells rühren.

Digitalkonzerne haben eben ihre eigenen mit Hunderten von Milliarden Dollar unterlegten Interessen. Manche Experten fordern schon eine Art digitaler Arbeiterbewegung, um die soziale Schieflage zu bekämpfen. Demos, Proteste, Streiks, Drohungen, das wäre etwas Neues für die Ikonen des Silicon Valley. Die Aufforderung zeigt, dass es ohne Auseinandersetzung mit den Mächtigen von heute nicht ins Morgen geht.

Aber ach, wenn es nur die Digitalriesen wären, lautet die Botschaft des österreichischen Oxford-Professors Viktor Mayer-Schönberger. Bei Apple, Amazon und den anderen gebe es wenigstens eine Gegenleistung für die Daten in Form kostenloser und ständig verbesserter Angebote, erklärt der Big-Data-Experte. Klassische Unternehmen würden dagegen unsere Daten oft abgreifen, ohne uns irgendetwas dafür zu bieten. Als Beispiel nennt er seinen BMW, bei dem die Werkstatt alle Daten einsammle und er für ein Navi-Update trotzdem noch etwas bezahlen müsse. »Wo bleibt die Gegenleistung?«, fragt er.

Viele klassische Unternehmen besitzen große Datenmengen von ihren Nutzern und über ihre Nutzer, fangen aber kaum etwas mit ihnen an, realisieren ihr Potenzial nicht im Ansatz. Banken etwa leben davon, dass mehr und mehr Kunden ihre Überweisungen elektronisch selbst erledigen, dabei ihre Transaktionsdaten offenbaren und auch noch Gebühren dafür bezahlen. Versicherungen bekommen viele persönliche Daten zur Verfügung gestellt, bei den Krankenversicherungen sind es etwa alle Gesundheitsdaten. Dafür erhält man als Mitglied – nichts. Die Daten gehen nicht einmal in die Medizinforschung, um auf diese Weise eine bessere Behandlung zu erreichen. Sie werden vielerorts lediglich als Filter genutzt, um bestimmte Versicherungsnehmer auszuschließen.

Natürlich lernt die Industrie dazu. Siemens oder General Electric bauen selbst Plattformen für kleinere Hersteller und entwickeln auf Basis von Maschinen- und Firmendaten neue Services. Und selbst die Autoindustrie reagiert darauf, wohl auch dank Tesla, das mit den Fahrerdaten etwa den eigenen Autopiloten verbessert und damit wirbt, dass sich per kostenlosem Update der Wagen über Nacht verbessert. Wie Mayer-Schönberger berichtet, überlegen die klassischen Autobauer, kostenloses Internet anzubieten, wenn die Nutzer ihnen die Daten aus ihren Fahrzeugen überlassen.

Doch das Problem mit dem neuen Daten-Deal bleibt: Die eine Seite – also die Nutzer – kann nicht; die andere Seite – also die Anbieter – will nicht. Und die Frage ist: Wie kommen wir zu einem neuen, fairen und vor allem inklusiven Daten-Deal?

Prinzipiell gibt es zwei Antworten. Die erste lautet: Bürger, unterstützt von der Politik, müssen Rechte für die einzelnen Nutzer durchsetzen, damit diese mit ihren Daten das Beste für sich anfangen können. Die zweite heißt: Wir brauchen Datenkollektive, um uns selbstbestimmt zu entwickeln und gegen Ausbeutung zu schützen.

Andreas Weigend neigt vor allem der ersten Antwort zu. Der ehemals oberste Datenwissenschaftler bei Amazon kommt aus Deutschland, studierte in Europa Physik und Philosophie, bevor er nach Stanford wechselte und an der amerikanischen Westküste blieb. Sein Kernbegriff sind »soziale Daten«, also Daten über uns, unser Verhalten, unsere Bewegungen, Interessen, Beziehungen, Wertvorstellungen. Er hat ein Sozialdaten-Labor gegründet und spricht von der Sozialdaten-Revolution. Drei Jahre hat er an dem 2017 erschienenen Buch »Data for the People« geschrieben. Tiefer und strukturierter hat wohl noch niemand die Frage behandelt, »wie wir die Macht über unsere Daten zurückerobern«.

Die Wahl, vor der wir als Nutzer heute stehen, gefällt Weigend ganz und gar nicht. Um an die Leistungen des Netzes zu kommen, müssen wir unsere Daten zu den Bedingungen hergeben, die Anbieter standardmäßig festlegen. Dafür bekommen wir etwas. Heute werden wir nicht nur unterhalten und mit anderen vernetzt, sondern zunehmend über Zusammenhänge und Möglichkeiten informiert, sodass wir bessere Entscheidungen treffen können.

Manchmal ist der Mehrwert für uns klein, manchmal groß. Das Problem ist: Wir haben kaum eine Möglichkeit, im Einzelfall zu bestimmen, ob er das Opfer unserer Daten wert ist, und dann ja oder nein zu sagen. Oder besser noch: die Bedingungen so zu verbessern, dass sich der Austausch in jedem Fall für uns lohnt. Genau das will der Datenwissenschaftler ändern: »Der Preis, den wir bezahlen, und die Risiken, die wir eingehen, indem wir unsere Daten teilen, müssen durch die Vorteile, die wir erhalten, mindestens aufgewogen werden. Transparenz darüber, was Datenunternehmen in Erfahrung bringen und mit diesem Wissen unternehmen, ist von wesentlicher Bedeutung. Das Gleiche gilt für unsere Fähigkeit, über aus Daten gemachte Produkte und Dienstleistungen mitzubestimmen. Wie sollten wir denn andernfalls auch beurteilen können, ob das, was wir preisgeben, in einem angemessenen Verhältnis zu dem steht, was wir herausbekommen?«

Gut gebrüllt, Datenlöwe. Weigend hat auch eine detaillierte Vorstellung davon, wie das alles sicherzustellen ist. Wie wir also darüber mitbestimmen können, was mit unseren Daten geschieht. Wie wir erreichen, dass beide Seiten, die Erzeuger und die Veredler der Daten, die nötige Transparenz und Handlungsfähigkeit erhalten.

Transparenz heißt, dass wir erstens das Recht auf Zugang zu unseren Daten haben. Und das allein ist schon ein Riesenunterfangen, reicht es doch nicht, dass wir einen Auszug mit den von uns abgegriffenen Rohdaten erhalten, ein Zertifikat über das bei uns geförderte Öl sozusagen. Wir müssen auch erkennen können, was die Raffinerien damit gemacht haben, und die Möglichkeit haben, der Verwendung der Ergebnisse Grenzen zu setzen. Um unsere Persönlichkeitsrechte zu wahren, sollten wir zum Beispiel sehen können, auf welchen Fotos wir mit wem zu erkennen sind – und wer unseren Namen auf einem Foto lesen kann, sofern der Computer ihn markiert hat. Bei diesem Beispiel wird auch schon klar: Viele Daten gehören nicht nur einem, sondern mehreren Nutzern, weil dort wie auf dem Foto Personen kombiniert werden. Eigentum wird hier zu einem schwammigen Begriff.

Weigend weiß: Was so einfach klingt wie »Zugriff auf unsere Daten«, zieht bereits viel Arbeit nach sich. Es muss geklärt werden, welcher Teil der Daten anderen offensteht und welcher nicht. Um uns da Optionen zu geben, bedarf es anspruchsvoller neuer Software, die unsere Identität teilweise offenbart und teilweise verbirgt, und leicht zu nutzender Benutzeroberflächen, die uns dabei helfen, zu verstehen und zu beeinflussen, was mit unserem Anteil an bestimmten Daten geschehen darf.

Am Ende geht es darum, dass wir die Rendite und das Risiko einschätzen können, die ein Datenhandel uns bringt. Dafür ist es auch notwendig, dass wir die Datenraffinerien inspizieren dürfen. Das heißt: Nutzer bekommen das Recht, die Prüfung der Datensicherheit bei einem Anbieter einzusehen. Außerdem die Bewertung, wie effizient mit unserer Privatsphäre umgegangen wird. Immer wird diese Sphäre verletzt, wenn wir Daten teilen und diese dann weiterverarbeitet werden. Aber entweder geschieht das auf möglichst maßvolle oder aber auf verschwenderische Weise im Vergleich dazu, was der Anbieter dafür leistet. Auch dies sollen wir als Nutzer erfahren können. Zudem sollen die Raffinerien uns eine Berechnung unserer Datenrendite zukommen lassen, das heißt also einer Gegenüberstellung von dem, was wir geben und riskieren, und dem, was wir dafür neu angeboten bekommen und auch nutzen.

Schon an diesem Punkt ist wiederum klar: Ohne den Konflikt auszutragen, werden wir dieses Ziel nicht erreichen. Um solche Rechte handhabbar zu machen, müssen sie in die Internetroutine übergehen. Andreas Weigend schwebt vor, dass dafür die Resultate der Überprüfungen sehr sichtbar wie auf einem Armaturenbrett im Auto herausgestellt werden. Dann könnten im Netz auch Vergleichsportale entstehen, die Webseiten und Apps genau nach diesen Kriterien bewerten. Solche Werkzeuge müssten die Nutzer von Apple und Co. einfordern. Sie müssten gemeinsam »Druck ausüben«. Erst wenn das zum Erfolg führt, können Nutzer sich Raffinerien aussuchen, die transparent in ihrem Dienst tätig sind.

All das ist in Weigends Welt nur der erste Schritt. Zusätzlich brauchen wir die Möglichkeit, auf die Informationen, die wir erhalten, auch reagieren zu können. Anders gesagt: Um die Kontrolle über unser Digitalschicksal zu erlangen, müssen wir handlungsfähig werden. Es genügt nicht, dass wir mit viel Mühe Raffinerien dazu bringen können, unsere Daten zu streichen. Wir müssen Daten über uns auch um andere Daten ergänzen dürfen, gerade dann, wenn sie unvollständig oder ungenau sind. Also zum Beispiel, wenn wir noch andere Qualifikationen haben, als es da heißt, oder wenn wir an einem bestimmten Tag gar nicht an dem besagten, sondern an einem anderen Ort waren. Auch müssen wir Daten per sichtbarem Kommentar zurückweisen oder erklären dürfen, dass wir für eine bestimmte Information keine Haftung übernehmen.

Verwandt damit ist das Recht, dass wir unsere Daten unkenntlich machen, wenn wir etwa bestimmte Beziehungen oder Gefühle nicht offenbaren wollen. Wenn wir nicht mehr wollen, dass unser Gewicht, unsere Abstammung oder Religion sichtbar sind. Wir können dann die Unschärfe je nach Bereich einstellen. Für den Anbieter wird das Raster dann teilweise gröber, und es wäre gut zu wissen, was das für die Qualität des an uns gerichteten Angebots bedeutet, um Kosten und Nutzen abzuwägen.

Die Raffinerien experimentieren mit unseren Daten, das ist der Kern des maschinellen Lernens. Aber wir sollten auch experimentieren können, um festzustellen, was bestimmte Einstellungen für uns bedeuten. Was heißt es für uns zum Beispiel, wenn die Aktualität bei unserem Nachrichtenfluss eine größere und die geografische oder soziale Nähe zu uns eine geringere Rolle spielt? Oder umgekehrt? Wie ändert sich die Finanzempfehlung, wenn wir einer bestimmten Gefahr größeren Wert beimessen? Nutzer sollten selbst Was-wäre-wenn-Analysen durchführen dürfen, um die Mechanismen im Netz kennenzulernen und auch mehr über ihre eigenen Vorlieben zu lernen.

Schließlich sollten sie ihre Daten auch mitnehmen dürfen, statt sie nur in einem Silo anschauen und nutzen zu können. Von einem Finanzdienstleister zu einem anderen, von einem Arbeitgeber zum nächsten, von einem sozialen Netzwerk zu seinem Konkurrenten, der dann nicht mehr mühsam unsere Vorlieben und Usancen herausfinden muss – oder einfach nur um sie mit anderen Daten zu kombinieren und selbst etwas Neues über uns zu lernen. In jedem Fall fällt den Nutzern dann das Wechseln der Anbieter leichter, und diese müssen sich mehr anstrengen, um Kunden zu halten.

Da schwirrt einem der Kopf bei so vielen Rechten, die wir haben sollen. Weigends reichhaltiger Katalog ist ein Maßstab für den neuen Daten-Deal nach dem Motto: Wenn wir es ernst meinen, dann müssen wir in die Details gehen. Dann müssen wir den Datenriesen eine andere Haltung beibringen und ihnen auf diese Weise auch einen Teil der Wertschöpfung und des Wohlstands abringen, die ja mit unseren Daten entstehen.

Eines wird bei der Diskussion ganz deutlich: Es genügt nicht, lediglich einen Preis für unsere rohen, unveredelten Daten zu verlangen. Dann erhalten wir ein paar Euro, verwirklichen aber keinesfalls das Potenzial, das in unseren Daten im Verein mit denen der anderen Menschen steckt. Selbstbestimmung und Kontrolle wären dann keine sonderlich beglückende Erfahrung, sondern eher leere Begriffe. Wichtig ist, mit seinen sozialen Daten Teil eines produktiven Prozesses zu werden.

Davor dürften wir nicht die Augen verschließen, warnt Weigend: »Ignoranz ist keine Option mehr.« In der Datenwirtschaft erhalten wir demnach die Werkzeuge, um alle Möglichkeiten für den Einzelnen und für die Gesellschaft zu erfassen. Dann können wir als Konsumenten und Demokraten entscheiden, welche Ziele uns am wichtigsten sind, und sie verfolgen. In dieser Form der Ermächtigung liegt allerdings auch die Schwäche dieser Vision.

Egal ob Big Data ermöglicht, dass Parkplätze in der Stadt zu jedem Zeitpunkt an die Meistbietenden gehen. Ob ein Netznutzer damit exakt berechnen kann, ob ein soziales Netzwerk nach seinen eigenen Kriterien die Teilnahme vermittelt. Ob Big Data errechnet, für wie viel zusätzlichen Lohn welche Arbeitnehmer noch eine Sonderschicht übernehmen oder ob alle Arbeitnehmer exakt nach ihrer Leistung bezahlt werden – wohlgemerkt nach der Leistung in sämtlichen Dimensionen, nicht schmalspurig nur nach erzielten Verkäufen, sondern auch in der internen Kommunikation und bei der Hilfe für Kollegen! Ganz egal, worum es geht: Big Data führt jede Leistung und jede Option minutiös auf und rationalisiert auf diese Weise unsere Entscheidungen. Es entsteht eine Welt, in der wir stets das Optimum herausholen sollen und auch müssen, wenn wir nicht zurückfallen wollen. Der Austausch zwischen Nutzern und Anbietern wird fair gestaltet, nur der Technologie selbst wird keine Grenze gesetzt. Im Gegenteil, sie wird im Dienste aller erst vollends entfesselt. Und im Extrem werden wir zu Superrationalisten erzogen.

Das entspricht uns nicht immer – und wir wollen es vielfach auch nicht. In einem Experiment hat die Stanford-Ökonomin Susan Athey gemeinsam mit Kollegen untersucht, wie ernst es Studenten etwa mit dem Schutz ihrer Daten und ihrer Privatheit nehmen. Schon für eine Pizza waren die Teilnehmer mehrheitlich bereit, die Maildaten ihres Freundeskreises herauszugeben, auch wenn sie zuvor der Privatheit hohen Wert beigemessen hatten. Und zur Sicherung ihrer Daten beim Online-Bezahlen war ihnen auch fast jeder Aufwand zu groß.

Da Menschen so rational und zielgerichtet nicht sind und wechselnden Motiven folgen, kann das Szenario des nimmermüden, individuellen Optimierens wohl nicht die ganze Antwort sein. Und die Frage ist dieselbe wie in der Welt der Dinge: Wie werden die Verfügungsrechte gefasst? Allesamt exklusiv, sodass jeder am Markt seine Habe anbieten und austauschen kann? Dagegen spricht schon, dass so viele Firmen und so viele Menschen ihre Daten gar nicht nutzbar einsetzen, wie der Oxford-Mann Mayer-Schönberger betont. Es sollten gemeinschaftliche Organisationsformen hinzukommen: Formen des Allgemeinguts, der Allmende, der Genossenschaft.

Das World Wide Web begann einmal als gesellschaftlicher Raum, in dem miteinander kommuniziert, organisiert, geforscht werden sollte. Dieser Geist lebt fort im Online-Lexikon Wikipedia, das über Spenden und vor allem durch die freiwillige Arbeit von Millionen Menschen funktioniert und alle Ergebnisse frei verfügbar macht. Er zeigt sich in mancher »Open Source«-Software, die kostenlos für alle ist und von allen für alle weiterentwickelt werden kann. Ansonsten hat sich die Datenmacht in die Zentralen des Valley verlagert, die als junge, kommerzielle Konzerne ihre eigenen Interessen haben und Daten gemäß ihren Geschäftsmodellen nutzen. Dabei kommen normale Nutzer nicht nur oft recht kurz, viele mögliche Entwicklungen können gar nicht erst stattfinden.

Mehr Balance herzustellen, beginnt dann bei der Art, wie die Daten organisiert werden – so wie das in einzelnen Bereichen der Wirtschaft bereits geschieht. Beim Transport etwa werden Daten längst zusammengeworfen. In Großbritannien hat das private, aber nicht gewinnorientierte Transport API vier Fünftel aller britischen Transportdaten vereinigt, und 1500 Entwickler schaffen neue Dienstleistungen auf Grundlage dieser offenen Plattform. Verbunden ist die Plattform mit dem Open Data Institute von World-Wide-Web-Gründer Tim Berners-Lee, das gemeinsam mit öffentlichen und privaten Akteuren »Menschen rund um die Welt vernetzt, ausrüstet und inspiriert, die mit Daten Innovationen schaffen wollen«.

Das ist ein Anfang, mehr nicht. Datengemeinschaften über Gesundheitswissen können viele Informationen zu Krankheiten, Diagnosen, Behandlungen bündeln – mit der Hoffnung, dieses Wissen künftig auf sichere Weise mit persönlichen Daten zusammenzubringen, um Menschen frühest- und bestmöglich zu versorgen. All das ist gerade bei diesem wohl sensibelsten aller Themen natürlich nur sinnvoll, wenn die Plattform absolut vertrauenswürdig ist und nicht von einer einzigen, nach Gewinn strebenden Firma betrieben wird.

Ebenso können Finanz-Kooperativen Daten darüber vereinheitlichen, wie wir unsere Finanzen am besten planen – ohne den Eigeninteressen einer einzelnen Bank oder einer einzelnen »FinTech«-Internetfirma zu folgen.

Die Zusammenführung von Daten macht manche neue Dienstleistung überhaupt erst möglich. Alphabets Tochterfirma für künstliche Intelligenz, Deepmind, führt in einem Projekt mit städtischen Krankenhäusern die Bluttests zusammen, um Gesundheitsrisiken vorhersagen zu können. Ohnedies hat Deepmind besondere Usancen: Seine Daten sollen möglichst transparent sein und ihren Nutzen unter Beweis stellen. Sie sollen von Dritten unabhängig und öffentlich sichtbar bewertet werden, sodass nur Experimente durchgeführt werden, die das Sammeln von Daten auch lohnen.

Dieser Gemeinschaftsansatz könnte Nutzern vor allem dabei helfen, sich mit ihren persönlichen Daten selbst zu behaupten. Forscher entwickeln längst Ideen zu sogenannten Datenbankkonten, die es uns erlauben würden, unsere Daten zu erfassen, zu kontrollieren, zu managen und auszutauschen. Wesentlich ist dabei vor allem eine verlässliche Technologie, die unsere vielfältigen Datentransaktionen nachvollziehbar macht und uns vertraulich immer auf dem Stand der Dinge hält.

Neuartige Zweckgemeinschaften könnten dafür sorgen,

dass die Echtheit von Daten unabhängig geprüft wird, sodass niemand sie willkürlich verändern kann – und dafür, dass Regeln darüber, wie unsere Daten genutzt werden dürfen, ins System gelangen und durchgesetzt werden. Egal, ob solche Allmende-Organisationen für persönliche Daten, für öffentliche Daten wie die der Infrastruktur oder für Wissensdaten wie die von Forschern zuständig sind – oft werden Politik und Staat dort neben Bürgern eine Rolle übernehmen (müssen). Die Rolle der Unternehmen ist es dann, kreative Wege zu suchen, um die für jedermann offenen Daten zu nutzen.

So etwas aufzubauen, ist eine enorme Aufgabe, weil sich die Rollen aller Beteiligten ändern und einzelne Elemente überhaupt erst erfunden werden müssen. Experten erinnert das zuweilen an die Entwicklung moderner Städte. Dafür brauchte man erst einmal eine Reihe neuer öffentlicher Güter – die Gesundheitsversorgung zum Beispiel, Straßen, Abwassersysteme, Parks oder auch Kunsteinrichtungen. Erst dadurch wurde die Idee der städtischen Gemeinschaft zum Leben erweckt, wurden die Freiheit des Einzelnen und seine Chance auf Wohlstand mit Substanz versehen.

Es ist merkwürdig, dass Politiker und engagierte Bürger bisher so wenige Gemeinschaftsformen für die Datenwelt hervorgebracht haben – anders als die Erfinder des öffentlichen Fernsehens in früheren Zeiten. Infrastruktur begann meistens mit öffentlicher Unterstützung, das gilt ja auch für das Internet selbst. Heute aber sind die Großen des Valley das einzige wirklich mächtige Modell, und das ist im Sinne des Wettbewerbs zwischen unterschiedlichen Organisationsmodellen zu wenig. Es wird Zeit für Erfindungsreichtum nicht rund um Palo Alto, da ist er schon lange zu Hause, sondern in den Hauptstädten der Welt. Und es wird Zeit, ihn anzufachen, mit Geld und Gesetzen.

Unser Daten-Deal mit den Digitalriesen kann nicht die Grundlage einer liberalen Wirtschaft für alle sein. Wir müssen ihn so verändern, dass wir auf den digitalen Wandel setzen können und gleichzeitig mehr Freiheit, Kreativität und sogar Zeit zur Entwicklung unserer Vorstellungen schaffen. Der Einzelne muss mehr Möglichkeiten bekommen und in seiner Position gestärkt werden.

Das Paradox ist, dass wir das nicht einfach dem Einzelnen, nicht der Auseinandersetzung von Nutzer und Anbieter überlassen können. Die Kraft der sozialen Daten ist so groß, sie verlangt auch soziale Anstrengungen und neue Formen von Gemeinschaften. Und es wirkt so, als wachse dafür das Verständnis in den ultramodernen Zentralen der führenden Konzerne – wenn auch noch nicht unbedingt der Wille mitzumachen. Aber ganz gleich, wie schnell das eine dem anderen folgt: Dieses Jahrhundert ist ohne die zweite, digitale Welt nicht denkbar. Sie liefert die Instrumente für ein inklusives Wirtschaftssystem, wie wir es als Grundlage der liberalen Demokratie brauchen. Dafür muss sich allerdings noch viel ändern. Wenn es gut läuft, werden diese Jahre vielleicht einmal als Ära der Geburt des »New Data Deal« in die Geschichte eingehen.

Kapitel 3

Begrenzt den Finanzkapitalismus!

Warum das Geld-Denken uns schadet

Um das gleich klarzustellen: Die Finanzwirtschaft ist zentral für unsere Volkswirtschaften, sie versorgt Hausbauer und Unternehmer mit Krediten, begleitet Börsengänge oder Firmenkäufe, sorgt dafür, dass wir alle mit Bargeld oder Karte einkaufen können, hilft beim Sparen und bei der Altersvorsorge. Wenn wir im Ausland sind, organisiert sie für uns den Zahlungsverkehr, und wenn wir am anderen Ende der Welt etwas Geld investieren wollen, macht sie auch das möglich. So weit, so hilfreich. Der Rest dieses Kapitels ist ein einziges, großes ABER VORSICHT!

Erinnern wir uns an das Jahr 2008. Am 15. September meldet die New Yorker Investmentbank Lehman Brothers Insolvenz an. Es ist ein Schock mit Ansage, seit einem Jahr schon schwelte die Immobilienkrise, aus der nun die größte Weltfinanzkrise seit achtzig Jahren wird. Das Kreditgeschäft zwischen den Banken, lebenswichtig für den Kapitalismus, bricht gänzlich zusammen, die Staaten müssen mit riesigen Rettungsprogrammen dagegenhalten, die Wirtschaftsleistung bricht weltweit ein – so stark, dass der schon erreichte Wohlstand vielerorts erst fünf, sechs Jahre später wiedererlangt werden wird.

In der Zange zwischen neuer Verschuldung und mangelndem Wachstum verlieren auch einige Mitgliedsländer des Euro das Vertrauen an den Finanzmärkten, sodass zwei Jahre später die europäische Staatsschuldenkrise beginnt und Europa in heftige Turbulenzen stürzt. Die gemeinsame Währung ist für gute Zeiten gebaut. Das rächt sich jetzt, in der schlechtesten aller Phasen. Und es wird sich weiter rächen.

Es gibt viele unterschiedliche Schätzungen darüber, wie viel Wohlstand die Krise die Welt unter dem Strich gekostet hat, aber das Wort »Billion« ist immer dabei. Was auf Dauer schlimmer wiegen könnte: In der Folge hat eine wachsende Zahl von Bürgern der westlichen Welt dem demokratischen Establishment das Vertrauen entzogen. Der Aufstieg der Populisten wäre ohne die Finanzkrise kaum denkbar.

Sie verschlimmerte die Lage vieler Menschen in der unteren Hälfte der Einkommensverteilung, während die Wohlhabenden sich schon bald über wieder steigende Aktienkurse und Häuserpreise freuen durften. Nichts speist den Zorn, nichts nährt das Gefühl des Ausgeliefertseins so sehr wie die Abfolge von selbstverschuldetem Zusammenbruch und gemeinschaftlicher Rettung des Finanzsystems.

»Lehman« war nur der Höhepunkt eines Wahnsinns, der sich über viele Jahre aufgebaut hatte und der es wert ist, hier kurz nacherzählt zu werden.

Das Vorspiel fand schon in den achtziger Jahren statt, als Investmentbanker entdeckten: Mit Krediten geringer Güte lässt sich viel Geld verdienen. Man muss dafür nur viele Forderungen an schwache Schuldner in ein Wertpapier packen und erklären, dadurch sei das Risiko gestreut und also das gesamte Papier weniger wacklig als seine Einzelteile. Bringt man viele dieser derart strukturierten Papiere in Umlauf, lässt sich wunderbar weiterspielen. Man kann die schlechteren Teile heraustrennen und daraus wieder neue Papiere herstellen, und man kann Wetten auf die Wertentwicklung dieser Papiere abschließen. Den innovativen Wall-Street-Händlern wurde klar, dass bei Krediten und nicht bei Aktien der größte Profit winkte. Dann endete zwar diese erste Welle der Spekulation mit Schrottanleihen in Insolvenzen und Gefängnisstrafen, doch die Idee war in der Welt. Nur würden die Anleihen, die damals wirklich »Junk Bonds« hießen, künftig nettere Namen erhalten.

Zur Jahrtausendwende wurde aus dem Spiel, das zunächst nur mit minderwertigen Firmen- und Konsumschulden gespielt worden war, dann Ernst. Nunmehr ging es um die Immobilienkredite von Amerikanern in der unteren Hälfte der Einkommensverteilung. Washington wollte, dass mehr Bürger zu Hausbesitzern werden konnten, und unterstützte diese Entwicklung über die staatsnahen Finanzierer Fannie Mae und Freddy Mac. Die Wall Street versprach, dass mithilfe der Finanzerfindungen aus den achtziger Jahren ärmere Amerikaner an günstige Hauskredite kämen. Diese Schuldenaufnahmen hießen jetzt »Subprime« – nicht ganz erstklassig. Ohne Rücksicht auf ebendiese Bürger verwandelte die Finanzindustrie die Idee schnell in eine Geldmaschine, die heiß lief und dann explodierte.

Auf der ersten Stufe verpackten New Yorker Investment-banken die Hypothekenkredite zu Hunderten in Wert-papiere und verkauften sie gegen hohe Gebühren weiter an Investoren. Da die Banken die meisten Kredite gleich weiterverkauften, also quasi nur über Nacht besaßen, hatten sie kein sonderliches Interesse an deren Güte. Der neuartige Markt brummte, und im ganzen Land stieg der Druck weiter, dass möglichst viele Leute Häuser kauften. Damit begann bereits die Trickserei. Zum Beispiel wurden Menschen, die gerade eingewandert waren, als problem-lose Schuldner eingestuft, bloß weil sie in Amerika na-turgemäß noch keine negative Kredithistorie hatten. Aber noch war das Geschäft übersichtlich. In jedem Wertpapier waren die Kredite nach ihrem Risiko säuberlich geordnet. Wie in einem Turm waren oben die besten Kredite, die in der Sprache der Rating-Agenturen mit AAA bewertet wor-den waren. Ganz unten sammelten sich die BBB-Kredite von Menschen mit niedrigen und unsicheren Einkom-men, dazwischen aufgereiht die anderen Risikoklassen.

Diese Türme waren überbewertet, das war noch nicht so

schlimm. Doch das Business musste wachsen. Nun begann die Wall Street ernsthaft zu tricksen, nahm die unteren BBB-Etagen aus Hunderten von Türmen heraus, baute damit neue Türme und gab ihnen hübsche finanztechnisch klingende Bezeichnungen. Vor allem schaffte sie es, von den Rating-Agenturen auch für diese neuen Türme das Unbedenklichkeitssiegel AAA zu erhalten. Nur so konnten die Papiere an Pensionsfonds in den USA, staatliche Banken in Deutschland oder Versicherungen in Asien losgeschlagen werden. Und die kauften sie zu hohen Preisen bedenken- und gedankenlos weiter ein. Lief ja so gut.

Natürlich gab es für das neuerliche AAA ein altes Argument: die Streuung. Mochten die einzelnen Kredite auch unsicher sein, würden sie doch kaum alle zusammen platzen. Das Argument war verrückt, denn falls ein Immobilienkrach die Preise implodieren lassen würde, dann doch wohl überall im Land. Aber die Rating-Agenturen übernahmen einfach die Modellrechnungen der Wall Street. Am Ende erhielten vier Fünftel der ehemals besonders schlecht bewerteten Hypothekenpapiere AAA und fanden ihren Weg zu naiven Investoren. Das war Stufe zwei, und es war bei Weitem noch nicht alles.

Mitte des vergangenen Jahrzehnts wollten die ersten Skeptiker gegen den Subprime-Wahnsinn wetten. Auch dafür gab es längst ein Instrument, den Kreditausfall-Swap. Das ist eine Versicherung, die fällig wird, wenn Schuldner einen Kredit nicht bedienen können. Mit ihr kann jeder gegen einen Kredit, der am Finanzmarkt gehandelt wird, wetten – und nicht nur der Gläubiger sich absichern, wie es einst die Absicht gewesen war.

Die Wall Street schuf nun solche Swaps in großem Stil und brachte das Kunststück fertig, auch daraus Produkte für Investoren zu bauen, die weiter an Subprime glaubten. Damit hatte sie sogar ein Instrument gefunden, mit dem sich die Blase fast nach Belieben vergrößern ließ. Bis dahin bedurften neue Schuldentürme immer auch Tausender neuer Hypothekenkredite, die armen Bürgern schließlich fast aufgedrängt wurden. Jetzt bauten die Investmentbanken Türme aus Kreditausfall-Swaps und klonten auf diese Weise Hypothekenanleihen. Die Zahlungsströme waren die gleichen – der Swap-Geber erhielt eine jährliche Gebühr gleich den Zinsen auf die zugrundeliegenden Hypotheken, der Nehmer bei Ausfall die gesamte Kreditsumme.

Auch die neuen Türme, beliebig vermehrbar, weil sich auf jeden Kredit viele Ausfallwetten aufstellen lassen, fanden ihre Abnehmer rund um den Planeten. Endlich konnte die Wall Street unabhängig von der Realität agieren. Die New Yorker Finanzexperten ließen sich nicht lange bitten, ebenso wenig wie die Rating-Agenturen, die beflissen ihr Siegel beisteuerten. Fast ohne Beschränkung wuchs und wuchs der Markt, bis er zusammenbrach, was allein schon zu einer Billion Dollar Verlusten führte.

Der Wahnsinn war überall virulent gewesen. Bei den Investoren, bei den Rating-Experten, bei den staatlichen Kontrolleuren. Viele einschlägige Händler in den Investmentbanken glaubten testosteronschwanger, sie seien die großen Meister und hätten es mit lauter Idioten zu tun. Doch ihre Finanzhäuser hatten selbst Subprime angesammelt oder standen am Ende zumeist auf der falschen Seite riesiger Wetten. Nach dem Crash stand fest: Gute Ideen wie Hypothekenkredite für den kleinen Mann, ihre Weiterverwendung in neuen Anleihen zur Streuung von Risiko, Swaps zur Absicherung von Marktrisiken – die ganzen sogenannten Innovationen waren durch kollektive Gier ad absurdum geführt worden. Die Instrumente, die Risiken beherrschbar machen sollten, wurden benutzt, um ebendiese Risiken in schwindelnde Höhen zu treiben. Viele Geldjongleure wurden dabei reich, ohne später belangt zu werden, viele arme Bürger einfach nur ärmer.

Wie konnte es zu alldem kommen? Die achtziger Jahre waren auch deshalb die Anfangsphase des Dramas, weil damals die erste große Investmentbank an die Börse ging. Nun trugen nicht mehr Partner eines Geldhauses das Risiko, sondern die Aktionäre – und natürlich trug es die rettende Allgemeinheit. Das Finanzsystem wurde faul von innen. Der Staat half kräftig mit, auch in Form der amerikanischen Zentralbank, die im vergangenen Jahrzehnt das Geld extrem billig hielt und damit die Liquidität schuf, deren Verwalter dann Anlagen suchten und sich freudig auf Subprime stürzten.

Das Geld war vorhanden, ebenso die notwendige Gier. Der Markt versagte genauso wie der Staat. Ohne dessen Versagen hätte es nie so weit kommen können, auch nicht im fernen Deutschland. Dort hat der Staat sich mindestens zweifach schuldig gemacht. Einmal als Banker selbst. In Deutschland waren es vor allem staatliche Banken, die sich auf das Subprime-Abenteuer eingelassen haben, allen voran die Industriebank IKB in Düsseldorf, die schon im Jahr 2007 in Schieflage geriet und mit großem Aufwand in letzter Minute gerettet wurde. Kurz zuvor, als die Krise sich schon zu manifestieren begann, hatten sich Wall-Street-Händler gewundert, wer ihnen denn bitte die Subprime-Türme noch kritiklos abnahm. Eine Antwort offeriert der amerikanische Bestseller-Autor Michael Lewis in seinem Krisenbuch »The Big Short«: die Idioten in Düsseldorf.

Dort gab es zudem noch eine Landesbank, die WestLB. Wie viele Landesbanken hatte sie kräftig in amerikanische Papiere investiert, die sie nachweislich nicht verstand. Die stolze WestLB wurde so marode, dass sie später in drei Teile aufgespalten wurde und praktisch verschwand. Hinter dem Wahnsinn stand eine furchtbare Dynamik. Lange waren die Landesbanken durch die sogenannte Gewährträgerhaftung geschützt gewesen, das heißt, der Staat haftete für den Fall, dass die öffentlichen Geldhäuser ihre Schulden nicht bezahlen konnten. Sie finanzierten regionale Projekte und kümmerten sich um die Unternehmen der Gegend. Doch im Jahr 2005 lief diese Haftung auf europäischen Druck hin aus. Statt das aber einfach hinzunehmen und künftige kleinere Brötchen zu backen, machte Vater Staat es möglich, dass die Banken sich bis zur Deadline noch einmal unter Haftung mit fremdem Kapital vollsogen.

Nun, kurz vor dem Höhepunkt der Blasenbildung, suchten sie also nach Anlagemöglichkeiten, finanzierten Kreuzfahrtschiffe in aller Welt oder dubiose Immobilienprojekte – doch das größte Abenteuer hieß Subprime. Es stand ja AAA drauf.

Der Staat meinte es gut, er wollte im Weltfinanzgeschäft mitmischen, mächtige Banken mit einem Schuss Gemeinwohlorientierung schaffen, die mit den großen privaten Banken mithalten sollten. Das Ergebnis war verheerend. Genauso verheerend war es, dass Bundesregierung und Parlament vor dem großen Crash nahezu jede Bankenforderung nach Deregulierung erfüllten. Die deutschen Banker entwarfen teilweise sogar die Gesetzesvorlagen. Sie wussten ja, was genau sie brauchten.

Vor allem begeisterte sich die Politik Anfang des vergangenen Jahrzehnts für die Asset Backed Securities, kurz ABS. Das waren eben jene »forderungsbesicherten Wertpapiere«, mit denen man Kredite marktgängig und handelbar machen konnte und kann. Berlin räumte alle Hürden für dieses Geschäft und damit auch für amerikanische Subprime-Kredite aus dem Weg. Über Zweckgesellschaften, gerne in Niedrigsteuerländern wie Irland beheimatet, kauften deutsche Banken in großem Stil solche Papiere und sparten sich auf diese Weise die Absicherung über mehr Eigenkapital. Das schlimme Erwachen kam später. Erst einmal jubelte der zuständige Finanzstaatssekretär in Berlin, dass »die Eigenkapitalanforderungen vieler Kreditinstitute« sinken würden.

Als die Geschäftsmodelle deutscher Banken riskanter wurden, gaben Regierung und Gesetzgeber der heimischen Aufsicht nicht etwa neue Prüfungsmöglichkeiten an die Hand. Wenn gehandelt wurde, dann wurden Geschäfte vereinfacht und europäische Transparenzregeln nur zögerlich umgesetzt. So ließ der Staat es zu, dass die eilig hochgezogene Immobilienbank Hypo Real Estate die Dubliner Depfa-Bank übernahm, damals schon eine Zockerbude, die dann im Subprime-Crash die neue Mutter mit ins Verderben zog. Im Herbst 2008 kam es auch da zur dramatischen Rettung.

Es ist bedeutsam, sich das alles noch einmal vor Augen zu führen. Deutschland, damals »kranker Mann Europas«, war vom Finanzmarkt-Virus befallen. Politiker glaubten an die Mär von den »Innovationen«, die klassische Maßstäbe von Sicherheit und Ehrbarkeit außer Kraft zu setzen schienen – und ihnen doch am Ende nur umso mehr zur Geltung verhalfen. Berlin tat alles für die lieben Banken, auch als die sich nach der Jahrtausendwende von ihren Beteiligungen aneinander und an großen deutschen Industrieunternehmen trennen wollten. Die Politik unterstützte diese sogenannte Entflechtung der Deutschland AG nach Kräften, weil das die heimische Wirtschaft an der Börse nach vorne bringen sollte. Die Bundesregierung war damals rot-grün, aber das war angesichts der großen Einigkeit in der Sache egal. Sie sorgte jedenfalls dafür, dass Gewinne aus Beteiligungsverkäufen steuerlich freigestellt wurden. Das Ergebnis: Mit den Verkaufserlösen drehten

Banken das große Rad, bis es ihnen und den Steuerzahlern schließlich zum Verhängnis wurde.

Man vergisst leicht, wie finanzmarktbegeistert das politökonomische Establishment in Deutschland seit Mitte der neunziger Jahre war. Die Bürger sollten zu einem Volk von Aktionären werden und ihre Altersvorsorge teilprivatisieren und professionalisieren. Der Shareholder Value war schick, und das größte Symbol dafür war die finanzgetriebene und von der Investmentbank Goldman Sachs beförderte »Hochzeit im Himmel« zwischen Daimler und Chrysler, die auch das Tor öffnete für zweistellige Millionengehälter und Boni an deutschen Konzernspitzen. Die Ehe währte nur neun Jahre, der Höhenflug der Chefgehälter hält bis heute an. Viele Normalbürger verloren die Lust an der Börse, als im Jahr 2000 die New Economy zusammenbrach – also die erste Welle von zumeist profitlosen und kapitalarmen Internetfirmen – und sich wenig später der Kurs der sogenannten Volksaktie Telekom zehntelte. Die Politik aber deregulierte das Finanzwesen weiter, während die Industrie kaum ein Entgegenkommen erhielt.

Es gibt ein Wort dafür, wenn sich ein Land derart auf die Bedürfnisse und das Denken der Geldindustrie einlässt: »Financialization«. Gemeint ist vor allem die Phase von den achtziger Jahren bis zur großen Finanzkrise, in der gesetzlich entfesselte Geldhäuser einen wachsenden Anteil am Bruttoinlandsprodukt an sich zogen, während gleichzeitig das Verhältnis von unsicheren Schulden zu sicherem Eigenkapital in der Finanzindustrie massiv anstieg.

Aus Sicht eines inklusiven Kapitalismus, der die Menschen zusammenbringt und nicht trennt, lässt sich wenig Gutes über diese Entwicklung sagen. Das sieht man vor allem in den führenden Ländern der »Financialization«, den USA und Großbritannien. Nicht zufällig sind die beiden Nationen mit den Weltfinanzzentren New York und London auch die Industrieländer mit der höchsten Einkommensungleichheit. Sie wuchs mit dem Siegeszug der Geldwirtschaft und ihrer Ideologie. Kein Wunder, wenn man bedenkt, dass in den USA – wie in Kapitel II.2. kurz angesprochen – die Finanzindustrie mit nicht einmal fünf Prozent aller Beschäftigten ein Viertel aller Profite in der Volkswirtschaft auf sich vereint. In den Jahren direkt vor der Finanzkrise war der Anteil am gesamten Mehrwert sogar noch weit höher.

Es ist wohl auch kein Wunder, dass in diesen beiden Ländern die Bevölkerung besonders uneins ist und ein großer Teil der Wähler zornig aufs liberale Establishment blickt. Selten waren moderne Nationen derart uneins und gespalten wie bei der Wahl von Donald Trump und dem Votum für den Brexit.

Für Amerika hat die Wirtschaftskolumnistin der *Financial Times*, Rana Foroohar, die Gefahr ausformuliert. Drei Jahre lang hat sie recherchiert. Es gehe nicht um etwas mehr oder weniger Regulierung, erklärt sie jetzt, ja nicht einmal mehr darum, dass Banken zu groß und Banker und Hedgefonds-Eigentümer zu reich geworden sind. Vielmehr sei der ganze amerikanische Kapitalismus marode, weil das Finanzwesen zu mächtig und die produzierende Industrie an den Rand gedrängt wurde. »Makers and Takers« heißt ihr Buch – Macher und Nehmer. Nur noch ein Bruchteil der Finanzaktivitäten erfüllt die eigentliche Funktion, nämlich die Wirtschaft zu finanzieren. Vor hundert Jahren dienten demnach die meisten Bankgeschäfte dazu, neues Business zu finanzieren. Heute aber sind es nur noch geschätzte fünfzehn Prozent.

All das ist ein weltweiter Trend, der in den USA besonders hervorsticht. Das Finanzsystem mit seinen Banken, Neben- und Schattenbanken und Kapitalmärkten sorgt in erster Linie nicht mehr für neue Geschäftsinvestitionen, sondern dafür, dass mehr und mehr Kredite auf Basis von Häusern, Aktien und Anleihen in die Welt kommen. Das hilft der Finanzelite, nicht aber der Wirtschaft insgesamt und schon gar nicht den Menschen ohne große Vermögen. Mehr und mehr werde die Volkswirtschaft zu einem »Nullsummenspiel zwischen den finanziell Vermögenden und dem Rest Amerikas«, resümiert ein ehemaliger Goldman-Banker.

Lange hat sich Foroohar gefragt, warum die Marktwirtschaft in ihrem Land vielen Unternehmen, Arbeitern und Verbrauchern so schlecht dient. »Amerikas wirtschaftliche Krankheit hat einen Namen: Financialization«, lautet ihre Antwort.

Was ist damit gemeint? Das überbordende Volumen der Finanzaktivitäten. Die Dominanz von Spekulation auf Kredit gegenüber produktivem Investment. Die Verwechslung von Verantwortung in Unternehmen mit Shareholder Value. Die wachsende politische Macht der Finanzelite und die damit zusammenhängende steuerliche Bevorzugung von Schulden gegenüber eigenem Kapital. All diese Faktoren sorgen dafür, dass sich das normale »Business« in Amerika dem Finanzsektor unterordnet. Nicht wenige Konzerne kaufen dann lieber Aktien zurück, um den Kurs zu stützen, als in neue Jobs zu investieren. Sie streichen auch lieber bestehende Arbeitsplätze in kriselnden Bereichen, als unternehmerisch etwas zu wagen. Sie lassen langfristige Wachstumschancen außer Acht, um Quartalsgewinne zu steigern. Das gilt anscheinend auch für boomende Digitalunternehmen: Schon im Jahr 2013 ergab eine Studie an der Stanford Business School, dass sie rund vierzig Prozent weniger Innovationen hervorbringen, wenn sie an die Börse gehen. Gestärkt wird das System noch dadurch, dass viele Amerikaner über Pensionsfonds auch als Rentner von der Börse abhängig sind.

Im Grunde ist hier ein großer Marketing-Coup am Werk. Früher hieß es: Was gut ist für General Motors, ist gut für Amerika. Dann schafften es Finanzlobbys, statt des Detroiter Autokonzerns die Geldindustrie in die Gleichung einzusetzen. Auf einmal wurde der Finanzkapitalismus mit der Marktwirtschaft gleichgesetzt – mit negativen Folgen für den Wohlstand und den Zusammenhalt in der Breite der Gesellschaft.

»Die Armen sind die ersten Opfer finanzieller Disziplinlosigkeit«, hat die Währungsfondschefin Christine Lagarde erkannt. Doch selbst Lehman und die Folgen konnten die Gefahr der Financialization nicht bannen. Nicht in den USA, wo der Populist Trump nun eine neue Deregulierungswelle für Banken ankündigt, aber auch nicht in Europa. In den Ländern des Euro wurden viele marode Institute am Leben erhalten. Gerade in den hoch verschuldeten Mitgliedsstaaten im Süden haben Regierungen heimische Institute veranlasst, ihre Staatsanleihen aufzukaufen. In Deutschland versuchen Bundesländer ihre Landesbanken mit allen Mitteln zu erhalten, obwohl diesen Geldhäusern jeder volkswirtschaftliche Zweck abhandengekommen ist. Vor allem aber halten sich eine schädliche Ideologie und falsche Argumente, die der Finanzwirtschaft zum Vorteil gereichen sollen.

Niemand hat das besser dokumentiert als der Bonner Ökonom Martin Hellwig und seine Kollegin Anat Admati aus Stanford. Ihr weltweit anerkanntes Buch »Des Bankers neue Kleider. Was bei Banken wirklich schiefläuft und was sich ändern muss« nimmt die Argumente der Finanzlobby auseinander und kommt zu dem Schluss, dass alles Reden über Sinn oder Unsinn von sogenannten Finanzinnovationen nichts hilft. Die Banken sollen einfach viel mehr Eigenkapital halten als bisher. Hellwig spricht von zwanzig bis dreißig Prozent aller Finanzmittel, damit die Institute im Notfall ihre Verluste selbst schultern können und nicht der Allgemeinheit zur Last fallen.

So viel eigenes Kapital verlangen Banken gerne von Kreditkunden. Doch der Politik machten sie vor der Krise weis, dass sie mit einem Zehntel dessen auskommen würden. Das Crash-Risiko ging damit auf die Gesellschaft über. Admati und Hellwig machen deutlich, wie gefährlich selbst das klassische Bankgeschäft – Kunden legen Geld ein, andere Kunden erhalten auf dieser Basis Kredite – wurde. Das liegt zum einen daran, dass Banken sich oft Geld nur kurzfristig geliehen, es aber dann langfristig verliehen haben. Wenn es später schwierig für die Bank wird, sich zu refinanzieren, ist der Verlust da. Zum anderen sind Banken weltweit derart miteinander vernetzt, dass ein Feuer an einem wichtigen Finanzplatz unweigerlich an andere Finanzplätze weitergetragen wird. Einzelne Geldhäuser sind auch deutlich erhöhte Risiken eingegangen, nachdem sie sich auf modernen Terminmärkten gegen das Ausfallrisiko absichern konnten. Doch wenn das viele machen, wächst nur die Gefahr für das gesamte System.

Immer noch hält sich das Argument, viel Eigenkapital sei schädlich, weil es so teuer sei im Vergleich zu Fremdkapital – also geliehenem Geld – und dadurch das Bankgeschäft hemmen würde. Auch darin steckt ein Stück Finanzmarktideologie. Teuer wird Eigenkapital vor allem, wenn es knapp gehalten wird und dann entsprechend viel Rendite darauf entfällt, die man schließlich als Preis interpretiert. Das Argument erweist sich mithin als Ringschluss. Ferner ist Fremdkapital, sind also Schuldenaufnahmen für große Banken oft nur deshalb relativ billig zu haben, weil ihre Gläubiger daran glauben, dass der Staat im Notfall als Retter eingreift. Zwar hat der Euroraum mittlerweile verfügt, dass nicht die Staaten, sondern Aktionäre und Gläubiger geradestehen müssen, wenn eine Bank zu viele rote Zahlen schreibt. Aber genau diese Regel durfte Italien schon wieder brechen und wie gewohnt marode Institute retten.

Dank Admati und Hellwig bleibt kaum etwas übrig vom Argument- und Formelbollwerk der Finanzindustrie. Man hat nur nicht den Eindruck, dass dies zu entsprechenden Regulierungen führt, auch wenn viele Paragrafen beschlossen wurden, die in den Finanzhäusern eine riesige neue Bürokratie erfordern. Deutschland hat kein zukunftssicheres Bankensystem, und die europäische Bankenunion strotzt vor wirklichkeitsfremden Regeln. Die einfachste Regel, nämlich ungeachtet aller Scheinargumente und fein ziselierten Spezialinteressen in einer sauberen Bilanz ein Fünftel bis ein Drittel eigenes Kapital zu haben, wird nicht realisiert.

Viel besser als den durchaus stark drangsalierten Banken ergeht es den Schattenbanken, die zwar laut fast allen europäischen Politikern mitreguliert werden sollen, de facto aber vor allem an den angelsächsischen Standorten handeln können, wie es ihnen beliebt. Zwar kann eine Bank diesen Fonds und Finanziers nicht mehr so viel Kredit geben wie früher, doch sie ziehen heute derart viel Anlegergeld an, dass dies nicht ins Gewicht fällt.

Am Ende geht es indes gar nicht nur um die einzelnen Akteure der Finanzindustrie. Hinter allem steht der heilige Kapitalmarkt insgesamt. Dort muss es gut laufen, damit Wirtschaft und private Anleger nicht nervös werden. Unruhe an der Aktienbörse, an Währungs- oder Anleihemärkten wird daher entsprechend gleichgesetzt mit krisenhaften Erscheinungen. Wehe, die »Weltbörsen« brechen ein oder die Schuldzinsen für Krisenländer wie Griechenland oder Italien gehen steil nach oben. Dann steht gleich eine Armada von Experten bereit, die den doch eigentlich auf effizienten Märkten unnötigen Staat auffordern, helfend einzuschreiten. Das Räderwerk soll laufen und laufen, egal was es auf lange Sicht kostet.

Der globale Segen des Ganzen wird auch von Experten infrage gestellt. Jonathan Ostry, Vize-Chef der Forscher beim Internationalen Währungsfonds in Washington, beschreibt die Indizienlage so:»Die Argumente für Globalisierung sind am schwächsten, wenn es um den freien internationalen Kapitalverkehr geht. Der Wachstumseffekt, den derartige Maßnahmen angeblich schaffen, hat sich als trügerisch erwiesen. Und gleichzeitig gehen sie einher mit steigender Ungleichheit.« Zudem führen gänzlich offene Kapitalmärkte zu größeren Schwankungen in der Volkswirtschaft. Sie sind weniger Wohlstandsgarant als Gefahrenherd.

Wir sollten das ausufernde Finanzdenken im Sinne einer Kosten-Nutzen-Rechnung hinterfragen. Und die fällt oft negativ aus. Im Jahr 2009 brachte der ehemalige Chef der amerikanischen Zentralbank, Paul Volcker, das auf die ironische Formel, die wichtigste Innovation des Ban-

kensektors in den vergangenen Jahrzehnten sei der Geld-
automat gewesen. Danach, sollte das heißen, kam nicht
mehr viel Brauchbares. Oft fehlt den Nationen jedenfalls
die nötige Distanz zu den Behauptungen und Erfindun-
gen der Finanzindustrie, und das bis heute. Während alle
Welt schlecht auf Bankhäuser zu sprechen ist, lässt man
die riesigen Geldsammelstellen namens Schattenbanken
gewähren und hält vor allem den Kapitalmarkt hoch als
Indikator von Wohl und Wehe.

Spätestens damit sind wir bei den Zentralbanken. Sie
schmieren das System, bis es allzu rundläuft, versorgen
es mit Unmengen neuen Geldes, und das nicht erst seit
gestern. Die Notenbank der USA, Federal Reserve, verfolgte schon im gesamten vergangenen Jahrzehnt eine Politik
des billigen Geldes. Damit brachte der damalige Noten-
bankchef Alan Greenspan die USA durch die Krisen in der
Folge von New-Economy-Krach, »9/11«-Anschlag und den
darauffolgenden Kriegen. Sein Image konnte nur noch mit
gottähnlich beschrieben werden, als er im Jahr 2006 nach
fast zwei Jahrzehnten das Amt abgab. Zwei Jahre später
gestand er selbst seinen gewaltigen Fehler ein: Er hatte
geglaubt, die Finanzindustrie würde das Interesse ihrer
Anteilseigner schützen.

Bald nach Greenspans Abgang folgte der Lehman-Crash.
Sein Nachfolger Ben Bernanke reagierte, indem er noch
viel mehr Geld in Umlauf brachte – durch niedrige Zinsen und, als das nicht reichte, indem die Zentralbank in
riesigem Stil mit frischem Geld Anleihen erwarb. Die Be-

geisterung am Kapitalmarkt war groß – und dort wuchs auch der Druck auf die Europäische Zentralbank (EZB) und ihren Präsidenten Mario Draghi, es den Amerikanern gleichzutun.

Gleich nach der großen Finanzkrise begann in Europa die Eurokrise. Darauf reagierte die EZB einerseits, indem sie die Zinsen senkte und senkte – bis der allgemeine Zins auf null und der spezielle für die Pflichteinlagen der Geschäftsbanken ins Minus geschoben wurden. Das reichte aber nicht, um den Kapitalmarkt beim Euro zu beruhigen und die von Freunden des leichten Geldes wie ein Mantra vorgebrachte Sorge zu entkräften, Europa könne in eine gefährliche Spirale aus Deflation und Depression rutschen. Ab dem Jahr 2010 kaufte die Zentralbank in einer ersten Phase deshalb Anleihen von einzelnen kriselnden Euromitgliedsländern.

Die zweite Phase begann, als Draghi auf dem Höhepunkt der Vertrauenskrise erklärte, die Bank tue, »whatever it takes«, was immer nötig sei im Rahmen der Legalität, um die gemeinsame Währung zu bewahren. Dieses Versprechen genügte zunächst einmal, ohne dass wie in den USA in großem Umfang Anleihen gekauft wurden – bis Anfang 2015. Dann begann das ominös mit OMT (Outright Monetary Transactions) bezeichnete Programm, mit dem Draghi und Co. monatlich für 60 Milliarden und später für 80 Milliarden Euro Papiere am Markt kauften. Es waren Staatsanleihen und auch Unternehmensanleihen. Nicht nur einzeln, sondern auch in Form jener Verbriefungen namens ABS, die einst als Vehikel für den großen Subprime-Schwindel dienten. Alte Grenzen von Sicherheit und geldpolitischem Anstand fielen um wie Pappkameraden im Sturm. Bis Ende 2017 würde das mehrfach verlängerte Programm mindestens laufen – insgesamt würde die EZB damit über zwei Billionen Euro Geld neu drucken.

Kapitalmarktnahe Befürworter benutzen für die Aktionen der Zentralbanker gerne Kriegsvokabular wie »Bazooka«, »unbegrenzte Feuerkraft der EZB« und gar »Dicke Berta« – so bezeichnete Draghi selbst ein am Ende über eine halbe Billion schweres Liquiditätsprogramm für Banken. In ihrer Diktion geht es um Waffen im Kampf für das Gute. Und die EZB hat Europa in einer schlimmen Phase geholfen. Doch in diesem Guten steckt eben auch sehr viel Böses.

Das beginnt bei den Staaten selbst. Immer wieder erklärte Mario Draghi, dass die EZB mit ihrer Politik kriselnden Euroländern nur Zeit kaufe, damit sie sich reformieren konnten. Doch als sie keine Anstalten dazu machten, setzte die Zentralbank den Mitgliedern nicht etwa ein Ultimatum, bei dessen Ablaufen die Geldflut beendet würde. Nein, sie steigerte ihre Bemühungen noch und sorgte auf diese Weise dafür, dass die Staaten sich extrem günstig weiter verschulden konnten und können. Mario Draghi befreite die Europäer von der Notwendigkeit, Disziplin wahren zu müssen.

Gerade in Deutschland behaupten national gesinnte Gegner, dass der Italiener Draghi seinem Heimatland helfen wollte. Aber das würde dem honorigen Zentralbanker nicht gerecht. Es ist wohl weniger der Italiener in ihm, der mit aller Macht die Marktdynamik erhalten will, als der Schüler des Massachusetts Institute of Techology und ehemalige Goldman-Sachs-Banker. Am MIT hat sich die Schule der an Kapitalmärkten ausgerichteten Geldpolitik entwickelt, die positiv in die Geschicke der Wirtschaft eingreifen und Krisen abmildern kann.

Doch solche Eingriffe haben so eine Art, sich selbst zu verewigen. Ursprünglich sollten die riesigen Anleihenkäufe die Deflationsgefahr abwehren und dann die Inflation auf rund zwei Prozent steigern. Von Deflation war im Jahr 2017 schon lange nichts mehr zu sehen, die Preissteigerungen näherten sich auch der angestrebten Rate, doch die Zentralbank ließ die Käufe immer weiterlaufen – aus Angst vor Verwerfungen. Man wollte den Volkszorn der wählenden Niederländer und Franzosen nicht schüren, indem man mit höheren Zinsen die Schuldensituation der Euromitgliedsländer verschlechterte und Unruhen am Kapitalmarkt riskierte. Längst also ist die formal so unabhängige EZB zum politischen Akteur geworden. Und aus diesem Spiel wird sie nur langsam und mühsam wieder herausfinden, wenn überhaupt.

Schlimmer ist wahrscheinlich dieses: Das omnipräsente Finanzdenken hat dazu geführt, dass die Zentralbank im Grunde genau jenen heiligen Kapitalmarkt außer Kraft gesetzt hat, um den es ihren Oberen immer zu tun ist. Normalerweise ist es der Zins, der allen Beteiligten anzeigt, was in der Wirtschaft lohnend ist und was nicht. Er ist der Preis des Risikos, die Referenzgröße für Renditen. Doch diesen Markt-Preis hat die EZB in eine extrem manipulierte Größe verwandelt – und dafür gesorgt, dass er vielerorts auf null oder in die Nähe von null gesunken ist.

Unser wichtigster kapitalistischer Maßstab dafür, welche Investitionen sich (volks)wirtschaftlich lohnen, ist uns also abhandengekommen. So wie bei den Anleiherenditen kaum noch zwischen boomenden und lahmenden Staaten unterschieden wird, erhalten nun auch alle Arten von Unternehmen ähnlich billigen Kredit. Bei einer Referenzgröße von nahe null fallen die fein ziselierten Unterschiede zwischen guten und schlechten Geschäftsideen, zwischen dauerhaft ziemlich sicheren und eher unsicheren Investitionen weg.

Was heißt das? »Vor allem entstehen Risiken für die Finanzstabilität«, kritisiert die deutsche Wirtschaftsweise Isabel Schnabel. Auf der Suche nach Rendite gehen Investoren demnach wachsende Risiken ein, weil es mit halbwegs sicheren Papieren keine Zinsen zu verdienen gibt. Überall schrumpfen deshalb die Preisunterschiede zwischen verlässlichen und gefährlichen Anlagen. Neue Internetfirmen werden mit Geld zugeschüttet, gute wie schlechte. So sehen normalerweise Vorboten einer neuen Krise aus, zumal auch klassische Lebens- und Rentenversicherungen mehr und mehr ins Risiko gehen, um ihre Versprechen gegenüber Kunden noch einlösen zu können. »Das Finanzsystem wird sehr viel verletzlicher gegenüber zukünftigen Schocks«, erklärt Isabel Schnabel dazu. Im nächsten Abschwung wird es also gefährlich. Irgendwann dreht der Zins ja auch wieder, und je länger es bis dahin dauert, desto größer wird das Problem für die Schuldenträger, die sich irgendwann zu viel schlechteren Bedingungen die Nachfolgekredite besorgen müssen.

Das Finanzdenken ist naturgemäß kurzfristig, weil es darauf ausgerichtet ist, dass das Räderwerk weiterläuft. Deutschland solle endlich seine Schulden hochfahren und investieren, schallt es aus den Geldzentren New York und London. Nie seien Kredite billiger gewesen. Über die andere Seite der Medaille schweigen die Kapitalmarktexperten, Politiker und Ökonomen: Mehr Schulden und mehr billiges Geld heute bedeuten mehr Instabilität morgen.

»Wir haben es mit einer Kette wandernder Blasen zu tun, die von der Geldpolitik getrieben werden. Die neue Blase bildet sich nie dort, wo zuvor die alte geplatzt ist«, erläutert der Leipziger Ökonom Gunther Schnabl die Folgen dieser Entwicklung. Am Beispiel Deutschland sieht man: Die Aktienpreise haben sich seit der Finanzkrise verdreifacht, während die reale Wirtschaft seit der Finanzkrise trotz guter Konjunktur um nicht einmal fünfzehn Prozent gewachsen ist. Die Immobilienpreise sind vor allem in den führenden Städten um weit mehr als die Hälfte gestiegen, und die Mieten folgen. Das viele neue Geld sucht sich Anlageformen, und wenn sich die Inflation nicht im Konsum zeigt, dann eben auf diesen Märkten. Die EZB setze systematisch Anreize zu spekulieren, sagt Schnabl,

»sodass Investitionen von Unternehmen in innovative Produkte immer mehr in den Hintergrund treten. Viele Anleger agieren nur deshalb so kühn, weil sie völlig zu Recht davon ausgehen, dass die Zentralbanken im Falle eines Crashs die schlimmsten Folgen abfedern werden.«

Schon ist die Rede davon, dass eine »Zombie-Wirtschaft« entsteht, weil Firmen mit geringer Bonität und eigentlich miserablen Zukunftschancen Endloskredite erhalten. Und da mittlerweile sämtliche Volkswirtschaften im Euro wachsen, hätte die Zentralbank ihre extrem lockere Geldpolitik längst beenden müssen. Stattdessen hat sie nur für das Jahr 2018 eine verhaltene Wende als Möglichkeit ins Spiel gebracht. Man will eben niemanden vergraulen, die Wähler nicht und vor allem nicht den Kapitalmarkt.

Die Widersprüche sind mittlerweile mit Händen zu greifen. Die Geldflut stützt zwar einerseits Zombie-Banken in Europa, aber sie sorgt auch dafür, dass Banken in ihrem Kerngeschäft als Kreditgeber kaum noch Geld verdienen und sich deshalb auch kaum neues Eigenkapital selbst erwirtschaften können. Der positive Effekt auf die Gesamtwirtschaft muss daher schwach ausfallen, wenn er überhaupt positiv ist – und der auf die Gesundheit der europäischen Finanzwirtschaft auch.

Mehr noch: Wie die »Financialization« insgesamt treibt auch diese Geldpolitik die Wohlstandsverteilung weiter auseinander. Mario Draghi und seine Mitstreiter versuchen die Eurozone stabil zu halten und dafür zu sorgen, dass sich die liberalen Pro-Europäer in den Mitgliedsländern durchsetzen und antieuropäische Populisten besiegen. Doch die durch ihre Maßnahmen hervorgerufenen Verteilungseffekte fördern gerade die gesellschaftliche Spaltung und die gereizte, nationalistisch gefärbte Stimmung, die sie so fürchten.

Too much, too long, so lautet wohl das Urteil über eine Geldpolitik, die ihre eigenen negativen Folgewirkungen ignoriert. Weil der Zins keine Aussagekraft zu Knappheiten und langfristigen Renditen mehr besitzt, kommt es zu allen Arten von Fehlentscheidungen, die sich nicht morgen, aber übermorgen rächen können. Von Menschen, die als Angestellte bei den falschen Firmen bleiben. Von Anlegern, die für ein paar Cent mehr Rendite große Risiken mit einkaufen. Von Kreditgebern aller Art.

Weil vor allem die Reichen profitieren, findet die Gesellschaft auch darüber hinaus nicht zusammen. Nicht einmal ein Fünftel aller Deutschen besitzt Aktien, und den Löwenanteil hält das reichste Zehntel. Diese Gruppe ist es, die von dem künstlich angefachten Dauerboom an der Börse profitiert. Sie deckt sich stark mit jener Gruppe, deren Vermögen durch den Immobilienpreisboom wächst. Viel weiter unten in der Verteilung rangieren dagegen jene, deren Jobs in der nächsten Krise als erste verloren gehen werden.

Bisher war viel von zorngefährdeten Sparern die Rede, deren Vermögen in der Sonne der Nullzinsen dahinschmelzen – und das wegen besonders niedriger Zinsen vor allem in der solventen Bundesrepublik. Doch es geht eben nicht nur um Sparer. Die Geldpolitik treibt Häuserpreise und Mieten in die Höhe, teilt dadurch die Städte in gute und schlechte Viertel und schadet damit der Zusammengehörigkeit und der Chancengleichheit. Das gehört ebenfalls zum Kosten-Nutzen-Kalkül.

Dieses Kapitel begann mit ABER VORSICHT!, und es endet damit. Man muss gar nicht so weit gehen wie die deutsche *Wirtschaftswoche* mit ihrer Warnung: »Die Höhenflüge an den Aktien- und Immobilienmärkten nähren surreale Wohlstandsgefühle, treiben die Menschen in die Verschuldung – und schläfern die Risikowahrnehmung von Investoren und Zentralbankern ein.« Es reicht zu sagen: Die Dominanz des Finanzdenkens droht die Marktwirtschaft in einen Rumpelkapitalismus zu verwandeln. Durch die Brille des Geldes lässt sich beinahe jedes aktuelle Problem lösen – »whatever it takes« –, doch auf Kosten größerer Schwankungen und größerer Probleme in der Zukunft.

Das Ringen um Balance zwischen Finanz und Produktion im Kapitalismus gehört zu den entscheidenden ökonomischen Kämpfen im 21. Jahrhundert. Denn das Gewicht des Finanzdenkens war vor dem Crash 2008 zu groß, und das ist es mit leicht veränderten Schwerpunkten auch heute. Es opfert dauerhaften für raschen Wohlstand, Innovationen für Interventionen in genau jene Märkte, die doch eigentlich ihren Segen frei entfalten sollen. Es opfert die Unabhängigkeit der Politik für die Abfolge von – zuerst – staatlichem Rückzug und – danach – rettendem staatlichem Einschreiten. Vor allem aber schafft dieses Denken und Handeln neue Ungleichheit und neue Instabilität und erzeugt damit bei vielen Menschen das Gefühl, dem globalen Wirtschaftssystem ausgeliefert zu sein.

Inklusiver Kapitalismus entsteht nicht, indem die Welt sich dem Finanzdenken unterwirft. Hinter diesem Irrtum steht eine falsche Gleichsetzung von Marktwirtschaft und Finanzmärkten. Inklusiver Kapitalismus muss die Geldwirtschaft vielmehr auf ihren Platz verweisen und dafür sorgen, dass sie der Ökonomie dient und nicht diese ihr. So viel sollten wir aus den ersten siebzehn Jahren dieses Millenniums gelernt haben.

Kapitel 4

Das Jahrhundertexperiment

Basteln an einem besseren Kapitalismus

Zum Beispiel Geoff Mulgan, Jahrgang 1961, Chef des Londoner National Endowment for Science, Technology and the Arts, kurz: Nesta. Wenn Großbritannien einen gläubigen Reformer von Wirtschaft und Gesellschaft hat, einen, der den Wohlstand der Normalbürger vergrößern will, dann ist es Mulgan. Er ging in Oxford aufs College, promovierte über Telekommunikation, forschte in den Vereinigten Staaten, ließ sich als buddhistischer Mönch in Sri Lanka ausbilden, betrieb zu Hause Lokalpolitik, schrieb für die großen britischen Zeitungen, gründete und leitete den Thinktank Demos, der Tony Blairs New-Labour-Bewegung gedanklich vorbereitete, wurde Blairs Politikplaner in Downing Street und dann sein Chefstratege, führte die Young Foundation für Sozialunternehmer und kam schließlich zu Nesta, einer Gründung seines ehemaligen Regierungschefs. Dort machte er sich umgehend ans Werk und verwandelte den Thinktank in ein

Labor für angewandte Reform. Nesta wurde unabhängig von der Regierung, behielt aber sein riesiges Kapital von mittlerweile 400 Millionen Pfund. Heute setzt die Organisation Projekte mit Dutzenden Partnern aus Wirtschaft, Stiftungswesen und Regierung rund um den Planeten auf, um zu gestalten und vor allem um zu lernen. Google ist dabei. Oder Tata aus Indien. Oder die Stadt Madrid. Oder Kanada. Nesta dachte nicht mehr nur, es handelte.

Kapitalismus ist ein Wort mit »Ismus«, und solche Begriffe haben einen negativen Beigeschmack. Irgendetwas, so legen die Buchstaben nahe, ist da ideologisch und nicht im Sinne der Allgemeinheit. Und das ist ja auch nicht abwegig, wie die vergangenen Kapitel gezeigt haben. Unser Wirtschaftssystem hat die Neigung zu übertreiben und damit die Gesellschaft auseinanderzuziehen oder gar zu spalten. Doch da aus dieser Dynamik auch unser Wohlstand entsteht, können wir sie nicht einfach abschalten. Also bleibt uns gar nichts anderes übrig, als der trennenden und individualisierenden Kraft des technologischen Fortschritts immer wieder etwas entgegenzusetzen. Etwas Neues wohlgemerkt, das unter den veränderten Umständen auch Wirkung zeitigt, während man mit den alten Mitteln meistens hinterherhinkt.

Wir müssen uns also einen Kapitalismus vorstellen, der auf die modernsten Herausforderungen auch mit den Mitteln dieses Jahrhunderts reagiert. Mit dem Wissen, das wir durch Daten generieren. Mit der heutigen Erkenntnis vom Menschen, seiner Wahrnehmung, seinem Verhalten.

Mit dem Eingehen auf die heute realen und nicht auf die von früher gewohnten Probleme. Mit den Prinzipien, die wir aus der Internetrevolution kennen und die es in die Gesellschaft zu importieren gilt: Individualität und Vorausschau.

Wie das gehen kann? Antworten könnte eben Nesta geben. Doch die Organisation ist erst einmal schwer zu finden. Die Adresse 58 Victoria Embankment an der Themse liegt zwischen den Nummern 54 und 50. Warum das so ist, kann niemand genau erklären. Aber es muss etwas damit zu tun haben, dass Nesta sein neues Hauptquartier erst im Jahr 2016 fertiggestellt und bezogen hat. Für die 200 Mitarbeiter ist es zu groß, weshalb im obersten Stock die schottische Vertretung in der britischen Hauptstadt untergekommen ist. Das passt, wollen die Schotten doch in der EU bleiben, und Nesta will das auch. Umso mehr ist der Chef Geoff Mulgan seit dem Brexit-Votum in Europa aktiv und knüpft ein Netzwerk von Projekten.

Im Gebäude ist alles schick und schlicht. Die Glasbarrieren, die zur Seite fahren, wenn man die richtige Karte an den Sensor hält. Die Cafeteria mit Sushi-Lunch. Die Büroflure à la Silicon Valley. An Reihen weißer Tische, vor sich die Computerschirme, sitzen die jungen Mitarbeiter auf ergonomisch aus dünner Netzstruktur geformten Stühlen. Der Chef steht in einem kleinen Konferenzraum, der nur durch einen Vorhang vom Rest des Geschehens abgetrennt werden kann. Auf dem Bildschirm an der Wand lässt er sein Reformreich entstehen.

Die verschiedenen Teams erforschen das Internet und die Start-up-Welt, wollen wissen, wie Innovation und wirtschaftlicher Wohlstand entstehen. Hat man zuletzt Zahlen darüber gesehen, wie aufgeschlossen die Europäer gegenüber digitaler Veränderung sind – die Deutschen bilden da das Schlusslicht –, dann kamen sie vermutlich von Nesta.

»Geht und seid Unternehmer«, ruft Mulgan den Mitarbeitern gerne zu. Sie lassen sich nicht bitten, investieren zum Beispiel wie ein privater Fonds in junge Firmen und Sozialunternehmen, von denen sie sich Fortschritte für die Gesellschaft versprechen. Alles, was sie tun, sei »gegründet auf Empathie mit der Masse der Menschen«, so Mulgan. Vor allem setzt Nesta seine Experten und seine Datenschätze ein, um praktische Versuche voranzutreiben.

Ein Beispiel ist das Gesundheitssystem: Dort haben die Profi-Reformer ein Programm fürs Smartphone mitentwickelt, das medizinisch geschulte Menschen zusammenruft, wenn in der Nähe ein Notfall entsteht. Es wird sogar schon in Australien angewendet. Ernährung ist ein anderes Feld: Die Nesta-Leute loben einen Preis aus für Datenprogramme, die kleinen Landwirten rund um die Welt das Leben leichter machen. Oder Demokratie: Sie entwickeln Werkzeuge für das politische Engagement der Zukunft und arbeiten mit Parteien in vieler Herren Länder zusammen. Dabei lernen sie viel davon, wie Populisten heute die sozialen Medien nutzen, um ihre Anhänger zu mobilisieren – und wollen ihnen Facebook und Co. nicht allein überlassen.

Mit der spanischen Hauptstadt haben die Digital-Reformer das Programm decide.madrid.es für mehr lokale Mitbestimmung entwickelt. Jeder Stadtbürger darf neue gesetzliche Regeln vorschlagen, und wenn mindestens ein Prozent der Bevölkerung einen Vorschlag unterstützt, wird öffentlich darüber abgestimmt.

In der koreanischen Hauptstadt versucht Nesta es mit »Sharing City Seoul«: Die Initiative sucht, unterstützt und verbindet rund fünfzig Ansätze zum Teilen von Dingen und Diensten. Autos in der Stadt sind dabei. Teure Werkzeuge in der Nachbarschaft. Ein Internet-Marktplatz für Studentenzimmer.

In Dänemark ist Nestas »Innovation Growth Lab« aktiv, das die Wirkung von wirtschaftspolitischen Maßnahmen mit Datenanalysen untersucht und bewertet. In Großbritannien wird auf diese Weise dokumentiert, welchen Effekt mögliche soziale Maßnahmen haben.

Mulgan lobt Krisenländer wie Portugal für ihre Offenheit, während erfolgreiche Staaten, allen voran die Bundesrepublik, keine Notwendigkeit sähen, sich zu wandeln. Global gesehen findet er besonders viele Mitstreiter in Kanada, wo alle Ministerien offiziell experimentieren und neue Lösungen ausprobieren sollen. Und er erwartet viel von Emmanuel Macron – in Frankreich will Nesta ein öffentliches Innovationslabor einrichten.

»Verändere Dinge durch Ausprobieren«, sagt Mulgan,

und zwar »mit dem vereinten Ethos der digitalen Welt und der Sozialunternehmer«. Die klar definierten Methoden sollen erst in kleinen Praxisversuchen getestet und dann in allgemeine Lösungen verwandelt werden.

Für Mulgan ist es der zweite Versuch, die Welt zu verändern. Unter Tony Blair koordinierte er eine Sozial- und Bildungspolitik, die betroffene Bürger zugleich förderte und forderte – und auch Schulen oder Arbeitsämter mit Anreizen und Kontrollen eng zu führen versuchte. Die Eingriffe beruhten mehr auf Studien als auf Ideologie, doch die Widerstände waren riesig, und vieles misslang. Nun also heißt es, progressiv zu sein mit digitalen Mitteln. Das ist die Wiederauflage des Blairismus im neuen Jahrhundert.

Zu Beginn des Jahres 2017 hat Mulgan dieses Denken zusammengefasst, es ist sozusagen sein Coming-out als Nesta-Chef. Das große Ziel heißt demnach, möglichst viele Menschen zu »empowern«, im Ursinn des Wortes also zu ermächtigen. Denn das Problem ist, dass die kapitalistische Bewegung aus Technologie, Globalisierung und Liberalisierung über die vergangenen zwei Jahrzehnte »nur eine Minderheit ermächtigt und die Mehrheit der Bürger entmachtet« hat. Zu viele Versprechen wurden gebrochen. Etwa das, wonach das Internet ein Ort der Freiheit und Selbstverwirklichung für alle sein soll. Oder jenes, dass der Wohlstand durch Globalisierung auf alle Ebenen der Gesellschaft herabregnet. Die Schlussfolgerung: Macht muss anders verteilt, die Balance zwischen dem Establishment und den Angehörigen der breiten Masse muss zurechtgerückt werden.

Gemeinnützige Datensammelstellen sind für Mulgan ganz zentral, um gegen die Marktlogik von Amazon und Co. anzukommen. Wie man sie finanziert, gehört für ihn zu den großen ökonomischen Fragen der nächsten Jahre. Die Gesellschaft soll alles aus ihren Möglichkeiten herausholen, auch sozial- und bildungspolitisch. Deshalb darf der Staat nicht einfach mehr Geld in Schulen stecken, ohne die Lehre zu verändern, sondern soll den Menschen beibringen, auf eigenverantwortliche und unternehmerische Art Probleme zu lösen. Er soll Mittel aufwenden, nicht um Altunternehmern steuerliche Anreize zu geben, sondern um Kindern alle Wege zu öffnen, damit sie selbst Erfinder werden können. Nesta analysiert auch Versuche in Singapur und Frankreich, jedem Bürger persönliche Bildungskonten für lebenslanges Lernen aufzubauen. Es unterstützt die Entwicklung von Apps, die Menschen bei der Jobsuche begleiten und untersuchen, welche Fähigkeiten für einen bestimmten Beruf noch fehlen.

Ein moderner Staat baut demnach die neue Infrastruktur für gemeinschaftliche Datengüter und Ideenwerkstätten auf. Und ein effizienter Wohlfahrtsstaat nutzt viele netzgestützte Werkzeuge, um Bürgern situationsgerecht zu helfen und sie nicht einem allgemeinen Sozialregime anheimzugeben. Er verleiht Geld für das erste Eigenheim, beteiligt sich an der Finanzierung von Schulungen und Studien, hilft, eigene und allgemeine Daten zu nutzen.

Hier wird das Experiment fortgesetzt, das um die Jahrtausendwende bei Clinton, Schröder, Blair zum Tragen kam und damals vor allem in mehr Markt bestand. Jetzt sollen Mitte links und Mitte rechts ihre Differenzen wieder überwinden für die Aufgabe, mit gemeinschaftlichen Mitteln den besseren Kapitalismus gegen die Verlockungen der Populisten zu formen.

Nesta verkörpert diesen Ansatz in Reinkultur, es ist ein Gemeinschafts-Google auf der Suche nach den besten Reformversuchen. Geht es nach Mulgan, werden dabei die alten Fehler vermieden. Etwa der, mit großer Genauigkeit das Falsche zu messen. Was will man: glänzende Mathenoten – oder die Fähigkeit, Probleme zu lösen? So etwas zu unterscheiden, ist bedeutsam, weil heute schon viele soziale Ideen aus digitalisierten Daten erwachsen. Ob der Kapitalismus im 21. Jahrhundert zu einem System für alle wird, ist noch offen. Dass er sich aus Daten speist, am Markt genauso wie in der Gesellschaft, davon kann man ausgehen. Und wie immer läuft die Gemeinschaft dem Markt mit ihren Bestrebungen hinterher, eine Ordnung für persönliche Freiheit und gegen das Recht des Starken zu entwickeln.

Daten für Ideen, das ist auch die Gleichung, die es so wichtig macht, bei »Big Data« zwischen digitaler Innovation und Ideologie zu unterscheiden. Die Sozialerfinder von heute können das, sie wollen verstehen, bevor sie verändern.

Armin Falk, der Bonner Verhaltens- und Gerechtigkeitsökonom, sagt: »Ich will verstehen, wie wir werden, was wir sind.« Dazu muss er Fragen wie diese beantworten: Wie entwickelt sich unsere Persönlichkeit mit ihren Einstellungen und Vorlieben, Ansichten und Wertvorstellungen? Wann entscheidet sich, ob wir geduldig in die eigene Zukunft investieren oder die Zuversicht dafür nicht aufbringen? Und was hat die Herkunft damit zu tun?

Die Datenforscher wollen es genau wissen, damit die Gemeinschaft präzise handeln kann. Und Falk im Speziellen weiß heute schon einiges darüber, wie armer Leute Kinder ins Hintertreffen geraten. Mit riesigem Aufwand hat er einen Feldversuch durchgeführt und bei Kindern in Bonn und Köln untersucht, »inwiefern man durch die Veränderung sozialer Umstände die Entwicklung und den Bildungserfolg von Grundschulkindern verbessern kann«. Die »Veränderung« kommt durch Kinder-Mentoren vom Projekt »Balu und Du« ins Spiel. Ausgewählte Familien erhalten dabei etwa ein Jahr lang einmal in der Woche Besuch von einem Mentor, der nur fürs Kind da ist und ihm laut Falk das Gefühl vermitteln soll: »Da kommt jemand, um mich zu sehen, eine Art großer, starker Bruder wie Balu, der Bär.« Das Ziel ist also nicht, Noten zu verbessern, sondern die Persönlichkeit zu stärken. Also wird auch nicht gepaukt, man geht zusammen in den Zoo, Eis essen, Fußball spielen, liest ein Buch, erzählt nur oder kocht.

All das verändert die soziale Umgebung nur ein wenig, hat aber laut der Studie großen Erfolg. So werden die Kinder dadurch deutlich »prosozialer«, wie der Forscher das nennt. Sie kümmern sich also mehr um andere, arbeiten leichter mit ihnen zusammen, gehen mit mehr Vertrauen auf sie zu. Solches Verhalten gilt heute als »Kernkompetenz« am Arbeitsmarkt.

Zuvor waren die Kinder aus sozial schwacher Umgebung deutlich weniger prosozial als Altersgenossen, das Programm aber schloss diese Lücke vollständig. Auch die Wahrscheinlichkeit, dass die armen Kinder aufs Gymnasium gehen würden, stieg erheblich an. Falks aufregende Botschaft: Defizite durch die Herkunft lassen sich ausgleichen, und das ist es doch, was die Politik eigentlich will, wenn sie von Chancengleichheit redet.

Es passt durchaus ins Bild: Geoff Mulgans Nesta hat sich in Großbritannien dafür starkgemacht, dass jedes sozial benachteiligte Kind einen Mentor erhält. Die datengestützten Reformer kommen überall zu ähnlichen Ergebnissen, wenn sie den Entwicklungsgeheimnissen der Menschen auf der Spur sind.

Die Linie führt dann gleich weiter in die USA, zu Raj Chetty nach Stanford. Zusammen mit zwei Kollegen hat er mithilfe von Steuer- und Schuldaten das Schicksal von mehr als zwei Millionen Kindern über zwei Jahrzehnte verfolgt und festgestellt: Wer in Grund- und Mittelschule zwei Jahre lang einen überdurchschnittlichen Lehrer hat, entwickelt sich später im Leben deutlich besser als mit einem durchschnittlichen oder gar schlechten Lehrer.

»Gute« Lehrer waren hier solche, die die Noten der Schüler nach oben brachten. »Value-added« heißt das Maß dafür im Amerikanischen: der erzeugte Mehrwert. Nur auf Noten zu schauen, scheint schmalspurig, aber dahinter steht eine Entwicklung. Durch den Lernturbo und das damit einhergehende Erfolgserlebnis setzt sich bei den Schülern eine ganze Kaskade positiver Erfahrungen in Gang. Mit verbesserten Noten kommen die Kinder an der Schule in besondere Kurse, das Selbstvertrauen nimmt zu, die Lebensperspektive verändert sich. Unter den Schülern kommt es dann im Schnitt zu deutlich weniger Teenager-Schwangerschaften. Mehr von ihnen nehmen ein Studium auf, und später wird das Gehalt im Schnitt höher – für die Schüler einer einzelnen Klasse ergeben sich übers Leben Vorteile von mehr als einer Viertelmillion Dollar.

Soll da der Staat an den öffentlichen Schulen gute und schlechte Lehrer noch gleich behandeln? Oder soll er anfangen zu differenzieren? Hypothetisch folgt ja aus der Studie: Wenn man einen schlechten Lehrer zehn Jahre lang in einer Schule belässt, statt ihn auch nur durch einen durchschnittlichen Lehrer zu ersetzen, dann erzeugt man für die Zukunft einen Einkommensverlust von insgesamt 2,5 Millionen Euro.

Raj Chetty, der Ökonom mit dem sozialen Gewissen, hatte eigentlich zeigen wollen, dass die umstrittenen Maße für die Lehrerleistung nicht zu gebrauchen seien. Er dachte, Sprünge in den Noten ließen sich dadurch erklären, dass sich die Motivation der Schüler ändere. Doch angesichts seiner eigenen Daten musste er schließlich sagen: Ein guter Lehrer hat einen lang anhaltenden Effekt auf die Schüler, und gut ist ein Lehrer nicht zufällig während eines Jahres, sondern der Abstand zu den Kollegen ist dauerhaft.

Ermutigt fühlen durften sich Schuldistrikte von Washington, D.C., bis Houston in Texas, die das Mehrwertmaß in ihre Entscheidungen einfließen lassen, Lehrer anzustellen, besser zu bezahlen oder sogar zu entlassen. Chetty räumt gerne ein, dass bei der Lehrerauswahl auch Fehler entstehen, aber eben deutlich weniger als in einer Welt ohne die datengestützten Entscheidungen.

Es ist ein typischer Vorgang für die datengetriebenen Reformer von heute. Früher war es vor allem eine Frage der Ideologie, ob man Lehrer nach Leistung beurteilen, belohnen und beschäftigen sollte – oder nicht. Lehrergewerkschaften und linke Politiker in den USA wie auch in anderen westlichen Ländern sagten nein, liberale Marktfreunde ja. Doch Studien wie die von Chetty und Co. entreißen die Frage dem politischen Streitritual. Und am Ende sollte es mindestens so sehr um die Kinder wie um die (schlechten) Lehrer gehen.

Im Grunde wissen wir als Schüler wie auch als Eltern aus Erfahrung: Es gibt Lehrer unterschiedlicher Qualität, und eigentlich ist es ein Unding, sie gleich zu behandeln und zu bezahlen. Die Drohung, dass andernfalls niemand mehr Lehrer wird, ist unglaubhaft. Ein System, das erfolgreiche Lehrer gegenüber erfolglosen befördert und belohnt, ist für talentierte Leute sogar attraktiver. Es kostet die Allgemeinheit vielleicht höhere Gehälter, die sich aber angesichts von mehr Wohlstand und Wohlbefinden rentieren. Damit werden öffentliche Schulen auch konkurrenzfähiger gegenüber Privatschulen. Und das müssen sie werden, damit nicht schon im Kindesalter eine entscheidende Spaltung in der Gesellschaft entsteht.

Datenanalysen zeigen noch etwas anderes, das wir eigentlich auch längst ahnen: Bildung wird besser, wenn sie auf den einzelnen Schüler eingeht und ihn ermuntert, seinen Interessen zu folgen und seinen Talenten Raum zu geben. Damit hängen auch die Entwicklungserfolge zusammen, die Mentoring für das einzelne Kind erzeugt.

Wie vage ist dagegen das Versprechen vieler Mainstream-Politiker, man werde »mehr in Bildung« investieren; Leistungsträger überzeugen sie damit ebenso wenig wie die Zornigen und Abgehängten. Nur konkrete Maßnahmen, die den Erfahrungen der Bürger entsprechen, können Vertrauen schaffen. Mit ihnen im Rücken klingt das Versprechen schon besser: Milliarden für einen Unterricht, der auf die Stärken und Schwächen des Einzelnen eingeht, in der Schule ebenso wie im Mentoring. Und für den Mut, Lehrer zu bewerten, die guten zu belohnen und sie auch dort einzusetzen, wo die sozial schwachen Schüler sind. Auf diese Weise könnte die öffentliche Bildung mit der privaten am ehesten mithalten, und das wäre wirklich ein Hoffnungswert für die enttäuschte Mitte.

Bildung ist nur ein Beispiel. Wenn Politik über die Erkenntnisse aus Analysen, Feldversuchen und Experimenten verfügt, kann sie glaubwürdiger gestalten und das Bewusstsein schaffen, dass die Wirtschaft kein Schicksal, sondern ihre Ordnung formbar ist. Das gilt auch für Algorithmen und Roboter, die angeblich Abermillionen Jobs überflüssig machen werden. Silicon-Valley-Experten werden nicht müde zu betonen, dass der »Human in the Loop«, der dank seiner Intuition und Erfahrung wertvolle Mensch, weiter gebraucht wird. Also sollten Wirtschaft und Staat, wo sie die Wahl haben, in entsprechende Modelle investieren. Eine digitale Wirtschaft, die den Menschen und sein (Daten-)Kapital wertvoller macht – das wäre ein Ziel.

Es gibt Antworten, Perspektiven, Hoffnungen für den Kapitalismus des 21. Jahrhunderts. Allerdings muss das Establishment wach werden und dafür kämpfen, dass die Menschen sich in der Breite selbstbewusst entfalten können. Es muss erkennen: Populisten wie Donald Trump sind der Gegner, nicht aber die Menschen, die sie wählen. Die fühlen sich oft perspektivlos und auch ausgenutzt, ganz so, als würde ihre Freundlichkeit als Schwäche missverstanden.

Die Feinde einer freiheitlichen Demokratie sind in den sozialen Netzwerken unterwegs und versuchen, mit cleveren Algorithmen die Schwachpunkte der Unentschiedenen zu entdecken und auszunutzen. Sie reden von der Nation als Ganzes, sind aber die ultimativen Spalter dieser Nation. Der Staat ist für sie kein Partner der Bürger, sondern ein Kämpfer für einen Teil der Bevölkerung – gegen einen anderen und natürlich gegen andere Nationen. Das Dagegen ist wichtiger als das Wofür.

Zum Glück sind sie nicht die Einzigen, die entdeckt haben, wie sehr die Gesellschaft durch Krise und Konzentration geschwächt worden ist. Auch die liberalen Reformer nutzen langsam die Macht der Daten für eine Gesellschaft, in der Menschen ermächtigt und nicht erniedrigt werden sollen. Sie wollen wissen, was die Bürger möchten und was ihnen guttut. Und sie finden Mittel und Wege, wie sie den Bürgern Gehör verschaffen. Diese moderne Form der Willensbildung ist Teil einer neuen Erzählung, die Menschen brauchen.

Der Stanford-Soziologe Larry Diamond glaubt, dass wir heute eine Rezession der Demokratie durchleben. Ein faszinierender Gedanke ist das, weil sie eine Art Zyklus des freiheitlich-demokratischen Lebens voraussetzt. Auf das Konjunkturhoch folgt das Tief. Das müssen die liberalen Kräfte durchhalten, das müssen sie aussitzen, danach kommt der nächste Zyklus in Gang, und es geht wieder besser. Schön wär's, dann müssten wir uns gar nicht täglich mit den Trumps und Erdoğans befassen und damit noch ihre Egozentrik bedienen.

Allerdings ist es nicht die ganze Wahrheit, dass bloß die liberalen Regierungen erlahmt sind und nun eine Schwächeperiode durchleben. Vielmehr hat der Kapitalismus über die Maßen überdreht, hat viele Menschen irritiert und dadurch die liberale Demokratie geschädigt. Und wer ihn nicht aus der Krise holt, der wird es auch schwerlich mit der Demokratie schaffen.

Mitte des Jahres 2017 sah die Welt schon wieder freundlicher aus als sechs Monate zuvor. Die Niederländer wehrten den populistischen Angriff ab, die Franzosen verwandelten ihn in einen Moment der grenzüberschreitenden Hoffnung, und in Deutschland rutschte die AfD ab. In dieser Phase, in diesem Zwischenhoch der Demokratie in Europa, meldet sich eine wichtige Stimme und erklärt: Mit dem Kapitalismus, so wie er heute ist, können wir die freie Gesellschaft auf Dauer nicht verteidigen.

Es ist der ökonomische Chefkommentator der *Financial Times*, Martin Wolf, der an die »wirtschaftlichen Ursprünge der populistischen Welle« erinnert. Wer reitet diese Welle? Vor allem rechte Nationalisten, so Wolf, die unsere Welt aufteilen in ein gutes Volk, eine korrupte Elite und böse Außenseiter. Sie misstrauen unabhängigen Institutionen wie Gerichten, Medien und Bürokratien, lehnen das Urteil von führenden Wissenschaftlern ebenso ab wie freien Handel. Dazu linke Populisten, die Arbeiter als »das Volk« begreifen und »die Reichen« als den Gegner und mehr staatliches Eigentum anstreben. Nur, warum haben sie jetzt so viel Erfolg, von Washington (Trump) bis London (Brexit) oder als Opposition in Spanien (Podemos) und Italien (Fünf Sterne)?

Da würden nicht einfach ältere weiße Mittelschichtsmänner gegen den kulturellen Wandel aufbegehren, denn dieser Wandel laufe ja schon lange, erklärt Martin Wolf.

Neu hinzugekommen sei die Finanzkrise mit ihren wirtschaftlichen Schockerlebnissen. Sie habe nicht nur hohe Kosten mit sich gebracht, sondern auch das Vertrauen gegenüber der Finanz- und Politikelite beschädigt. »Es zeigte sich: Diese Kaiser sind nackt!«, schreibt Wolf. Deshalb sei Trump letztes Endes Präsident geworden, deshalb hätten die Briten gegen die EU votiert.

Wolf nennt immer wichtige Daten, so auch diesmal. Seine Zahlen zeigen: Schon lange verlieren die meisten Industrieländer in großem Stil Industriejobs, verteilen herstellende Unternehmen ihre Produktionen rund um die Welt, nimmt die Migration ebenso zu wie die Ungleichheit. Mit der Krise ist vielerorts zusätzlich die Arbeitslosigkeit emporgeschossen, die Staaten mussten sparen, die Realeinkommen pro Kopf gingen ebenso zurück wie die privaten Kredite. Das Wirtschaftsleben wurde für viele enger und bedrückender.

Wo vor allem? Vier Länder sind sowohl langfristig besonders stark von der Globalisierung betroffen als auch kurzfristig von der Krise: Italien, Spanien, Großbritannien und die USA. Von den führenden Industrieländern hat Deutschland die Krise dagegen am wenigsten gespürt, gefolgt von Kanada und Japan. Da liegen die Indizien vor uns: Die krisengeschüttelten Länder sind auch diejenigen, in denen der Populismus große Erfolge feiert, während er in den stabileren Nationen nicht so stark durchdringt.

Die Finanzkrise hat demnach den Boden bereitet für eine Politik, die unabhängige Institutionen demoliert und den gesellschaftlichen Frieden unterminiert. Doch während die Volkswirtschaften nun langsam wieder wachsen, verschwindet diese Politik nicht einfach. Der Brexit muss überhaupt erst noch vollzogen werden, Trumps Amtszeit ist wohl noch lang. Und die tieferen Gründe dafür, dass die liberale Gesellschaft so brüchig geworden ist – die hohe Ungleichheit, die neuen Spaltlinien, die Konzentration von ökonomischer Macht wie auch der finanzielle Druck auf viele Länder durch die Alterung der Gesellschaft –, sie alle halten sich hartnäckig.

Wolfs Mahnung lautet: Liberale Politiker müssen die wirtschaftlichen Sorgen ihrer Bürger ernst nehmen, wenn sie einflussreich bleiben wollen – sie müssen also grundlegend neue Antworten auf alte, vom gegenwärtigen Kapitalismus unbeantwortete Fragen geben. Das Gute ist, dass solche Antworten im Werden sind.

Die deutschen Kartellwächter wollten sich nicht damit abfinden, dass sie mit ihren alten Methoden den neuen digitalen Monopolen machtlos gegenüberstanden. Sie haben geforscht und experimentiert und das Gesetz auf die Höhe der Zeit gebracht. Sie wissen: Das ist nur der Anfang.

Öffentliche Schulen in den USA wollten nicht mehr zusehen, wie eine falsche Abneigung gegen ein Leistungsdenken für Lehrer diejenigen Kinder in Rückstand brachte, deren Eltern sich keine Privatschulen leisten können.

Die Forscher von Nesta in Großbritannien wollten erreichen, dass die nächste Generation von Erwachsenen nicht nur digitale Angebote konsumiert, sondern selbst kreativ wird. Also sorgten sie mit dafür, dass Coding in ihrem Land zum allseits verbreiteten Schulfach wird.

Die rot-grüne Regierung in Schweden versteht Brexit und Trump als Weckrufe und will den alten Wohlstandsbegriff hinterfragen. Fortan sollen alle Menschen (nicht nur die mit einem Job) und alle Lebensbereiche (nicht nur die, die sich in Geldwerten ausdrücken lassen) berücksichtigt werden, wenn es um die richtige Wirtschaftspolitik geht. Also ist das Bruttoinlandsprodukt nur noch ein Maßstab, die Arbeitslosigkeit auch. Dazu kommen nun neben Umweltschutz ein Armutsmaß, die selbst wahrgenommene Gesundheit, der Stand der Ausbildung, das Vertrauen zwischen den Bürgern und die Lebenszufriedenheit. Das Land soll nach einer Phase steigender Ungleichheit debattieren, was Wohlstand heute ist und wie er sich verteilen soll.

Auch international werden die progressiven Kräfte aktiv. Europäische Städte haben sich in einem Netzwerk zusammengeschlossen, um das Problem der Verteilung von Flüchtlingen zu lösen. Amerikanische Städte kooperieren, um weiter das Klima zu retten, obwohl der Präsident das Klimaabkommen von Paris gekündigt hat. Weltweit arbeiten Aktivisten des Altruismus an einem gesellschaftlichen Programm, in dessen Zentrum die Wiederentdeckung des Mitgefühls steht. Daten-Reformer entwickeln marktnahe oder genossenschaftliche Lösungen, damit wir im Internet von Kunden zu selbstbestimmten Akteuren werden können. Finanzkundige Forscher und Fachleute versuchen das Geldsystem sicherer zu machen und es auf seinen zwar wichtigen, aber nicht alles beherrschenden Platz zu verweisen. Spaltungsforscher entdecken Risse in der Gesellschaft und zeigen der Politik auf, wo sie im Ringen gegen Zorn und Unfairness ansetzen kann.

Es wird höchste Zeit für all das. Und für mehr. Die Enttäuschungen sind groß nach Krise und Rettungsarien, Geldflut und Globalisierungsverlusten, Ungleichheit und Machtballung. Jetzt können die liberalen Demokratien das Vertrauen ihrer Bürger nur auf altmodische Weise gewinnen: Sie müssen es sich verdienen!

Danksagung

Ein Autor, aber viele freundliche Unterstützer, Ideengeber, Diskutanten – nur auf diese Weise kann ein Buch gelingen. Ich möchte mich bei allen bedanken, die mich begleitet haben.

Meine Frau und meine Kinder haben mir Raum geschaffen und waren doch zur Stelle, wenn sie fühlten: Wir werden gebraucht.

Meine Eltern haben alles aufmerksam gelesen und mich vor Fehlern bewahrt.

Mein Buchagent hat mich auf die richtige Spur gebracht und nie die Geduld mit mir verloren.

Mein Verlagschef und mein Lektor haben mich ruhig, kompetent und nimmermüde begleitet.

Meine Kollegen im Wirtschaftsressort der *ZEIT* wissen es vielleicht gar nicht, aber ohne unsere Debatten, ohne ihre Anregungen, Themenideen und Artikel wäre es nicht zu diesem Buch gekommen.

Meine Sekretärin hat mich noch mehr unterstützt als sonst, auch wenn das kaum möglich erscheint.

Mein Chefredakteur hat sofort »Ja« gesagt, und die Titel-chefin der *ZEIT* hat dem Projekt von Anfang an großes Interesse entgegengebracht.

Meine im Buch zitierten Gesprächspartner haben mir ungeheuer viel beigebracht. Und ich hoffe sehr, dass ich sie kongenial wiedergebe.

Meine Leser haben mir in Kommentaren und Diskussio-nen allerhand Unfug ausgeredet und mich auf bessere Ideen gebracht.

Danke also, liebe Freunde. Ihr seid mit dabei und habt einen Anteil – nur nicht an den Fehlern, ist ja klar.

Ihr und Euer,

Uwe Heuser

Literatur nach Kapiteln

Einleitung

Dahrendorf, Ralf: Die Globalisierung und ihre sozialen Folgen
werden zur nächsten Herausforderung einer Politik der
Freiheit, in: DIE ZEIT, 14.11.1997, http://www.zeit.de/1997/47/
thema.txt.19971114.xml (zuletzt abgerufen am 08.08.2017)

Kapitel I.1. Es wird eng für die Freiheit

Ferguson, Niall: Five ingredients for a populist backlash, Vortrag
bei Zeitgeist Europe 2016, The Grove bei London, https://
www.youtube.com/watch?v=pmdxYTyrI-E (zuletzt abgerufen
am 08.08.2017)

Hertz, Noreena: Generation K. Who are they, and what do we
know about them?, in: New York Times Online, 21.04.2015,
http://nytlive.nytimes.com/womenintheworld/2015/04/21/
generation-k-who-are-they-and-what-do-we-know-about-them/
(zuletzt abgerufen am 08.08.2017)

Heuser, Uwe Jean: Die Verlockung, in: DIE ZEIT, 23.06.2016,
S. 19–20, http://www.zeit.de/2016/27/populismus-kapitalis-
mus-niall-ferguson (zuletzt abgerufen am 08.08.2017)

Sullivan, Andrew: Democracies end, when they are too

democratic. And right now, America is a breeding ground for tyranny, in: New York Times Magazine, 01.05.2016, http://nymag.com/daily/intelligencer/2016/04/america-tyranny-donald-trump.html (zuletzt abgerufen am 08.08.2017)

Kapitel I.2. Falsche Feinde, echte Feinde

Blume, Georg und Heuser, Uwe Jean: Eine Milliarde Kunden, in: DIE ZEIT, 03.02.2011, S. 21–22, http://www.zeit.de/2011/06/Konsumenten-Indien-China (zuletzt abgerufen am 08.08.2017)

Card, David: Is the New Immigration Really so Bad?, NBER Working Paper Nr. 11547, 8/2005

Card, David und Peri, Giovanni: Immigration Economics. A Review, University of California, Berkeley und Davis, 4/2016, Davidcard.berkeley.edu/papers/card-peri-jel-april-6-2016.pdf (zuletzt abgerufen am 08.08.2017)

Heuser, Uwe Jean: Der Skeptiker und das Rätsel vom Geld, in: DIE ZEIT, 20.04.2017; S. 22, http://www.zeit.de/2017/17/martin-hellwig-oekonomie-geld-finanzindustrie-bankenkrise (zuletzt abgerufen am 08.08.2017)

Hinte, Holger, Rinne, Ulf und Zimmermann, Klaus F.: Flüchtlinge in Deutschland. Herausforderung und Chancen, in: Wirtschaftsdienst ZBW – Leibniz-Informationszentrum Wirtschaft, Kiel 11/2015,

Mühlbauer, Peter: Emnid-Umfrage: Mehrheit für TTIP schrumpft wieder, in: heise.de, 07.07.2015, https://www.heise.de/tp/features/Emnid-Umfrage-Mehrheit-fuer-TTIP-schrumpft-wieder-3374127.html (zuletzt abgerufen am 08.08.2017)

Ricardo, David: Über die Grundsätze der Politischen Ökonomie und der Besteuerung, 2. überarbeitete Auflage, Metropolis 2006

Schmitz, Gregor Peter: Umfrage: Auch für Ceta keine Mehrheit, in: Wirtschaftswoche Online, 16.09.2016, http://www.wiwo.

de/politik/europa/freihandelsabkommen-umfrage-auch-fuer-ceta-keine-mehrheit/14547616.html (zuletzt abgerufen am 08.08.2017)

Storbeck, Olaf: Die Mär von den faulen Ausländern, in: Handels-blatt Online, 29.11.2011, http://www.handelsblatt.com/politik/konjunktur/oekonomie/nachrichten/sozialmigration-die-maer-von-den-faulen-auslaendern/5902026.html (zuletzt abgerufen am 08.08.2017)

WTO: Report on G20 Trade Measures, Genf 10.11.2016, https://www.google.de/search?q=WTO+findet+1263+H%C3%BCrden&ie=utf-8&oe=utf-8&client=firefox-b&gfe_rd=cr&ei=prJSWdLnL43DNInig-AD#q=World+Trade+Organizat ion+1263+trade+barriers (zuletzt abgerufen am 08.08.2017)

Kapitel I.3. Das globale Umdenken

Blair, Tony: Against Populism, the Center Must Hold, in: New York Times Online, 03.03.2017, nytimes.com/2017/03/03/opinion/tony-blair-against-populism-the-center-must-hold.html (zuletzt abgerufen am 08.08.2017)

Bofinger, Peter: Entschädigt die Verlierer der Globalisierung!, in: DIE ZEIT, 08.12.2016, S. 35, http://www.zeit.de/2016/51/soziale-ungleichheit-globalisierung-wohlstand-ausgleich (zuletzt abgerufen am 08.08.2017)

Davies, Gavyn: How should we compensate the losers from globalization?, in: Financial Times Online, 11.12.2016, http://blogs.ft.com/gavyndavies/2016/12/11/how-should-we-compensate-the-losers-from-globalisation/?mhq5j=e3 (zuletzt abgerufen am 08.08.2017)

Leipziger, Danny: Make globalisation more inclusive or suffer the consequences, in: Vox Cepr's Policy Portal, 08.12.2016, http://voxeu.org/article/make-globalisation-more-inclusive-or-suffer-consequences (zuletzt abgerufen am 24.08.2017)

Merler, Silvia: Compensating the »losers« of globalisation, in: bruegel.org, 27.04.2017, http://bruegel.org/2017/01/compensating-the-losers-of-globalisation/ (zuletzt abgerufen am 08.08.2017)

Obstfeld, Maurice: Get on Track with Trade, in: Finance and Development, 12/2016, S. 12–16, http://www.imf.org/external/pubs/ft/fandd/2016/12/obstfeld.htm (zuletzt abgerufen am 08.08.2017)

Ostry, Jonathan: To save globalization, its benefits need to be more broadly based, in: World Economic Forum, weforum/agenda, 27.04.2017

Kapitel II.1. Die Wahrheit über Arm und Reich

Black, Jeff und Follain, John: Davos Elite Seeks Fixes to Defend the System from Populists, in: Bloomberg, 18.01.2017, https://www.bloomberg.com/news/articles/2017-01-18/lagarde-urges-wealth-redistribution-as-dalio-warns-on-populists (zuletzt abgerufen am 08.08.2017)

Blodget, Henry: Sorry, Folks, Rich People Don't Create the Jobs, in: Business Insider, 28.06.2014, http://www.businessinsider.com/rich-people-dont-create-jobs-2014-6 (zuletzt abgerufen am 08.08.2017)

Erk, Daniel, Gundlach, Julia und Rudzio, Kolja: Wie gerecht ist Deutschland?, in: DIE ZEIT, 30.03.2017, S. 24f., http://www.zeit.de/2017/14/einkommen-deutschland-vergleich-hartz-iv-empfaenger-steuern (zuletzt abgerufen am 08.08.2017)

Frank, Robert H.: Success and Luck: Good Fortune and the Myth of Meritocracy, Princeton University Press 2016 (deutsch: Ohne Glück kein Erfolg. Der Zufall und der Mythos der Leistungsgesellschaft, dtv 2018)

Fratzscher, Marcel: Verteilungskampf. Warum Deutschland immer ungleicher wird, Hanser 2016

Fratzscher, Marcel: Man muss nicht nehmen, um zu geben, in: Zeit Online, 31.03.2017, http://www.zeit.de/wirtschaft/2017-03/soziale-ungleichheit-gerechtigkeit-vermoegen-einkommen

Fuest, Clemens und Kirchdörfer, Rainer: Die Mythen wachsender Ungleichheit, in: DIE ZEIT, 29.09.2016, http://www.zeit.de/2016/41/steuern-einkommensverteilung-ungleichheit-entwicklung (zuletzt abgerufen am 08.08.2017)

Fuest, Clemens und Schmidt, Christoph: Die Mär von der Ungleichheit, in: Handelsblatt, 21.03.2016, S. 48, http://research.handelsblatt.com/assets/uploads/AnalyseUngleichheitWachstum.pdf (zuletzt abgerufen am 08.08.2017)

Gimpelson, Vladimir und Treisman, Daniel: Misperceiving Inequality, in: The National Bureau of Economic Research, NBER Working Paper No. 21174, Mai 2015, http://www.nber.org/papers/w21174 (zuletzt aufgerufen am 24.08.2017)

Heuser, Uwe Jean: Die Wahrheit über Arm und Reich, in: DIE ZEIT, 28.05.2014, S. 19–20, http://www.zeit.de/2014/23/thomas-piketty-umverteilung-kapitalismus (abgerufen am 08.08.2017)

Huster, Ernst-Ulrich: Soziale Kälte. Rückkehr zum Wolfsrudel?, Kröner 2016

Lakner, Christopher und Milanovic, Branko: Global Income Distribution. From the Fall of the Berlin Wall to the Great Recession, in: World Bank Policy Research Working Paper No. 6719, Dezember 2013, http://documents.worldbank.org/curated/en/914431468162277879/pdf/WPS6719.pdf (zuletzt aufgerufen am 24.07.2017)

Piketty, Thomas: Das Kapital im 21. Jahrhundert, C.H. Beck 2014

Rudzio, Kolja: Wie arm ist Deutschland wirklich?, in: DIE ZEIT, 20.04.2017, S. 28, http://www.zeit.de/2017/17/armut-deutschland-wirtschaftsboom-sozialhilfe-einkommen (zuletzt abgerufen am 08.08.2017)

Rudzio, Kolja und Schieritz, Mark: Ist die Ungleichheit schuld?

Streitgespräch, in: DIE ZEIT, 01.12.2016, S. 26–27, http://www.
zeit.de/2016/50/oekonomie-donald-trump-us-wahl-globalisie-
rung-populismus (zuletzt abgerufen am 08.08.2017)

Young, Michael Dunlop: Es lebe die Ungleichheit. Auf dem
Wege zur Meritokratie, Econ 1961

Kapitel II.2. Achtung, Konzentration!

Autor, David: The Fall of Labor Share and the Rise of Superstar
Firms, NBER Working Paper Nr. 23396, 01.05.2017

Barabási, Albert-László und Albert, Reka: Emergence of Scaling
in Random Networks, in: Science, 15.10.1999, S. 509–512

Barth, Erling et al.: It's Where you Work. Increases in Earnings
Dispersion across Establishments and Individuals in the U.S.,
IZA Working Paper Nr. 8437, 8/2014

Buckup, Sebastian: For Capitalism to Survive it Must Confront
its Deepest Contradiction, World Econonic Forum, Geneva
2017, upcoming in HSB China

Cohen, Patricia: »Superstar Firms« May Have Shrunk Workers'
Share of Income, in: New York Times Online, 08.03.2017,
https://www.nytimes.com/2017/03/08/business/economy/
labor-share-economic-output.html (zuletzt abgerufen am
08.08.2017)

Glattfelder, James, Battiston, Stefano und Vitali, Stefania: The
network of global corporate control, in: PLoS One 2011,
26.10.2011

Schumpeter (Kolumne): The University of Chicago worries about
a lack of competition, in: The Economist, 12.04.2017, https://
www.economist.com/news/business/21720657-its-economists-
used-champion-big-firms-mood-has-shifted-university-chicago
(zuletzt abgerufen am 08.08.2017)

Song, Jae et al.: Firming up Inequality, CEP Discussion Paper
Nr. 1354, 5/2015

Taplin, Jonathan: Is it Time to break up Google?, in: The New York Times Sunday Review, 22.04.2017, https://www.nytimes.com/2017/04/22/opinion/sunday/is-it-time-to-break-up-google.html (zuletzt abgerufen am 08.08.2017)

Kapitel II.3. Kapitalismus unter der Lupe

Buckup, Sebastian: Die Kehrseite der Globalisierung, in: DIE ZEIT, 23.05.2017, http://www.zeit.de/2017/22/weltwirtschaft-globalisierung-verteilung-ungleichheit (zuletzt abgerufen am 08.08.2017)

Chetty, Raj: »Raj Chetty on inequality, social mobility and breaking the cycle of poverty«, SIEPR, Stanford, 07.04.2016, https://siepr.stanford.edu/highlights/chetty-poverty-inequality-social-mobility (zuletzt abgerufen am 08.08.2017)

Chetty, Raj et al.: Where is the Land of Opportunity? The Geography of Intergenerational Mobility in the United States, NBER Working Paper 19843, 1/2014

Chetty, Raj und Hendren, Nathaniel: The Impacts of Neighbor-hoods on Intergenerational Mobility, Harvard University and NBER 2015

Chetty, Raj, Hendren, Nathaniel und Katz, Lawrence F.: The Effects of Exposure to Better Neighborhoods on Children. New Evidence from the Moving to Opportunity Experiment, in: American Economic Review, 2016, S. 855–902

Davis, Bob: Economist's Ideas Draw Interest on Both Sides of the Aisle, in: Wall Street Journal, 21.10.2015, https://www.wsj.com/articles/economist-raj-chettys-proposals-on-inequality-draw-interest-on-both-sides-of-the-political-aisle-1445383469 (zuletzt abgerufen am 08.08.2017)

Florida, Richard: Why America's Richest Cities Keep Getting Richer, in: The Atlantic, 12.04.2017, https://www.theatlan-tic.com/business/archive/2017/04/richard-florida-winner-

take-all-new-urban-crisis/522630/ (zuletzt abgerufen am
08.08.2017)

Hoffmann, Catherine: Die Illusion vom amerikanischen Traum,
in: Süddeutsche Zeitung, Wirtschaft, 27.01.2017, http://www.
sueddeutsche.de/wirtschaft/soziale-gerechtigkeit-die-illusion-
vom-amerikanischen-traum-1.3350589 (zuletzt abgerufen am
08.08.2017)

Kempkens, Sebastian: Die Flüchtlingsfarce von Harvestehude,
in: DIE ZEIT, 22.09.2016, S. 25, http://www.zeit.de/2016/40/
hamburg-harvestehude-fluechtlinge-abschottung (zuletzt
abgerufen am 08.08.2017)

Kwasniewski, Nicolai: Massiv gefördert, kaum gebaut, in:
Spiegel Online, 30.3.2017, http://www.spiegel.de/wirtschaft/
soziales/mieten-in-deutschland-warum-fehlt-es-an-sozialwoh-
nungen-a-1141001.html (zuletzt abgerufen am 08.08.2017)

Leonhardt, David: In Climbing Income Ladder, Location
Matters, in: New York Times, 22.07.2013, http://www.
nytimes.com/2013/07/22/business/in-climbing-income-ladder-
location-matters.html?pagewanted=all (zuletzt abgerufen am
08.08.2017)

Lobenstein, Caterina: Der Zug ist abgefahren, in: DIE ZEIT,
22.10.2016, S. 23, http://www.zeit.de/2016/44/deutsche-
bahn-bahnstrecke-berlin-muenchen (zuletzt abgerufen am
08.08.2017)

Pletter, Roman: Die unsichtbare Wand, in: DIE ZEIT, 23.09.2016,
S. 24, http://www.zeit.de/2016/40/baurecht-ausgrenzung-
arm-reich-hamburg-unsichtbare-wand (zuletzt abgerufen am
08.08.2017)

Rognlie, Matthew: Deciphering the Fall and Rise in the Net
Capital Share. Accumulation or Scarcity, in: Brookings Papers
on Economic Activity, Frühling 2015, S. 1–54

Sandel, Michael J.: Was man für Geld nicht kaufen kann. Die
moralischen Grenzen des Marktes, Ullstein 2012

Vogel, Berthold: Die Mitte fürchtet sich, in: Zeit Online,

24.03.2017, http://www.zeit.de/wirtschaft/2017-03/sozialpolitik-status-wohlstand-arm-reich-populismus (zuletzt abgerufen am 08.08.2017)

West, Geoffrey: Scale: The Universal Laws of Growth, Innovation, Sustainability, and the Pace of Live in Organisms, Cities, Economies, and Companies, Penguin Random House 2017

Wolfers, Justin: Why the New Research on Mobility Matters. An Economist's View, in: New York Times Online, 04.05.2015, https://www.nytimes.com/2015/05/05/upshot/why-the-new-research-on-mobility-matters-an-economists-view.html (zuletzt abgerufen am 08.08.2017)

Kapitel III.1. Die mitfühlende Gesellschaft

Bosworth, Steven, Singer, Tania und Snower, Dennis: Cooperation, Motivation and Social Balance, IZA Discussion Paper 9703, 2/2016

Dossi, Piroschka und Weizsäcker, Robert von: Ungleichheit – Eine Phantastische Erzählung, Springer-Verlag 2016

Heuser, Uwe Jean: Einstürzende Altbauten, in: DIE ZEIT, 19.04.2012, http://www.zeit.de/2012/17/Oekonomenstreit (zuletzt abgerufen am 08.08.2017)

Hollersen, Wiebke: Die Lücke zwischen den Gedanken, in: Welt am Sonntag, 23.04.2017, S. 20

Jinpa, Thupten: Mitgefühl. Offen & empathisch sich selbst und dem Leben begegnen, O.W. Barth 2015

Laloux, Frédéric: Reinventing Organisations. Ein Leitfaden zur Gestaltung sinnstiftender Formen der Zusammenarbeit, Vahlen 2015

Macaskill, William: Doing Good Better. Effective Altruism and a Radical New Way to Make a Difference, Guardian Books 2015

Ricard, Matthieu: Allumfassende Nächstenliebe. ALTRUISMUS. Die Antwort auf die Herausforderungen unserer Zeit, Edition Blumenau 2016

Singer, Tania: »Wir müssen mehr fühlen«, in: DIE ZEIT, 29.05.2013, http://www.zeit.de/2013/23/neurowissenschaftlerin-tania-singer (zuletzt abgerufen am 08.08.2017)

Singer, Tania und Bolz, Matthias: Mitgefühl. In Alltag und Forschung, Max-Planck-Gesellschaft 2013, E-Book unter compassion-training.org

Singer, Tania und Ricard, Matthieu: Mitgefühl in der Wirtschaft. Ein bahnbrechender Forschungsbericht, Albrecht Knaus Verlag 2015

Snower, Dennis: »Ökonomie erklärt mein Leben nicht«, in: Welt am Sonntag, 30.09.2012, S. 42, https://www.welt.de/print/wams/wirtschaft/article109546009/Oekonomie-erklaert-mein-Leben-nicht.html (zuletzt abgerufen am 08.08.2017)

Snower, Dennis und Bosworth, Steven: Identity-Driven Cooperation versus Competition, in: American Economic Review, 2016, S. 420–424

Wilhelm, Hannah: Mitgefühl zahlt sich aus, in: Süddeutsche Zeitung Plan W, 03.12.2016, S. 24–25

Kapitel III.2. The New Data Deal

Athey, Susan, Catalini, Christian und Tucker, Catherine: The Digital Privacy Paradox. Small Money, Small Costs, Small Talk, NBER Working Paper 23488, 2017

Economist: The World's most valuable resource is no longer oil, but data, 06.05.2017, Cover, S. 7 und S. 13–16

Heuser, Uwe Jean: Ein gnadenloser Optimist, in: DIE ZEIT, 15.12.2016, S. 19–20, http://www.zeit.de/2016/52/sundar-pichai-google-kuenstliche-intelligenz (zuletzt abgerufen am 08.08.2017)

Mayer-Schönberger, Viktor und Ramge, Thomas: Das Digital.
    Markt, Wertschöpfung und Gerechtigkeit im Datenkapitalis-
    mus, Ullstein 2017
Mulgan, Geoff: A New Family of Data Commons, Nesta Blog,
    12.12.2016, http://www.nesta.org.uk/blog/new-family-data-
    commons (zuletzt abgerufen am 08.08.2017)
Schulz, Thomas: Zuckerbergs Zweifel, in: Der Spiegel,
    01.04.2017, S. 12 – 21, https://magazin.spiegel.de/
    SP/2017/14/150343281/index.html (zuletzt abgerufen am
    08.08.2017)
Weigend, Andreas: Data for the People. Wie wir die Macht über
    unsere Daten zurückerobern, Murmann Verlag 2017
Zuckerberg, Mark: Building Global Community, Letter to our
    community, 16.02.2017, https://www.facebook.com/notes/
    mark-zuckerberg/building-global-community/10103508221158
    471/?pnref=story (zuletzt abgerufen am 08.08.2017)

Kapitel III.3. Begrenzt den Finanzkapitalismus!

Admati, Anat und Hellwig, Martin: Des Bankers neue Kleider.
    Was bei Banken wirklich schiefläuft und was sich ändern
    muss, FinanzBuch Verlag 2013
Bernstein, Shai: Does Going Public Affect Innovation?,
    03.07.2014, Stanford Business School, Finance, Working Paper
    No. 2126
Braunberger, Gerald: Die Zähmung der Banken, in: Frankfurter
    Allgemeine Zeitung, 18.02.2013, S. 18
Foroohar, Rana: American Capitalism's Great Crisis, in: Time.
    com, 12.05.2016, http://time.com/4327419/american-capita-
    lisms-great-crisis/ (zuletzt abgerufen am 08.08.2017)
Foroohar, Rana: Makers and Takers. The Rise of Finance and
    the Fall of American Business, Penguin Random House
    2016

Fricke, Thomas: Der neue New Deal, in: Der Spiegel, 13.05.2017, S. 68–69, https://magazin.spiegel.de/SP/2017/20/151139742/index.html?utm_source=spon&utm_campaign=centerpage (zuletzt abgerufen am 08.08.2017)

Heuser, Uwe Jean: Erst mal wird gefeiert, in: DIE ZEIT, 05.01.2017, S. 23, http://www.zeit.de/2017/02/boerse-weltwirtschaft-demokratie-schaden-terrorismus (zuletzt abgerufen am 08.08.2017)

Heuser, Uwe Jean: Mosaik des Wahnsinns, in: DIE ZEIT, 20.05.2010, S. 24–25, http://www.zeit.de/2010/21/Rezension-Lewis-Finanzkrise (zuletzt abgerufen am 08.08.2017)

Heuser, Uwe Jean: Schluss mit dem Rumpelkapitalismus, in: DIE ZEIT, 03.12.2015, S. 25–26, http://www.zeit.de/2015/49/kapitalismus-krise-wirtschaftssystem-stabilitaet (zuletzt abgerufen am 08.08.2017)

Krall, Markus: Der Draghi-Crash. Warum uns die entfesselte Geldpolitik in die finanzielle Katastrophe führt, FinanzBuch Verlag 2017

Lewis, Michael: The Big Short. Wie eine Handvoll Trader die Welt verzockte, Campus 2010

Littmann, Saskia, Salz, Jürgen, Hielscher, Denryk und Schnaas, Dieter: Konjunktur auf Crashkurs, in: Wirtschaftswoche vom 02.06.2017

Ostry, Jonathan: To save globalization, its benefits need to be more broadly based, in: World Economic Forum, weforum/agenda, 27.04.2017

Schnabl, Gunther: »Die Geldpolitik macht den Kapitalismus kaputt«, in: Spiegel-Online, 13.02.2017, http://www.spiegel.de/wirtschaft/soziales/mario-draghi-in-der-kritik-die-geldpolitik-macht-den-kapitalismus-kaputt-a-1132711.html (zuletzt abgerufen am 08.08.2017)

Wirtschaftswoche: Auf Crash-Kurs, 02.06.2017, S. 20–26

Kapitel III.4. Das Jahrhundertexperiment

Chetty, Raj, Friedman, John N. und Rockoff, Jonah E.: The Long-Term Impacts of Teachers. Teacher Value-Added and Student Outcomes in Adulthood, NBER Working Paper Nr. 17699, 12/2011

Dahrendorf, Ralf: Die Globalisierung und ihre sozialen Folgen werden zur nächsten Herausforderung einer Politik der Freiheit, in: DIE ZEIT, 14.11.1997, http://www.zeit.de/1997/47/thema.txt.19971114.xml (zuletzt abgerufen am 08.08.2017)

Falk, Armin: »Ich will nur, dass Kinder, die gleich gut sind, gleiche Chancen haben«, in: DIE ZEIT, 03.03.2016, S. 22 – 23, http://www.zeit.de/2016/11/chancengleichheit-ungleichheit-persoenlichkeit-verhalten (zuletzt abgerufen am 08.08.2017)

Heuser, Uwe Jean: Macht Euch bereit, in: DIE ZEIT, 21.01.2016, S. 17 – 18, http://www.zeit.de/2016/04/globalisierung-weltwirtschaft-oelpreis-china (zuletzt abgerufen am 08.08.2017)

Heuser, Uwe Jean: Was Angela Merkel am Wochenende auch hätte sagen können. Ein Vorschlag, in: DIE ZEIT, 24.11.2016, S. 23, http://www.zeit.de/2016/49/angela-merkel-kandidatur-vorschlag-rede (zuletzt abgerufen am 08.08.2017)

Kosse, Fabian et al.: Formation of Human Prosociality. Causal Evidence on the Role of Social Environment, IZA Research Paper Nr. 9861, Bonn 4/2016

Lowrey, Annie: Big Study Links Good Teachers to Lasting Gain, in: New York Times, 06.01.2012, S. A1, http://www.nytimes.com/2012/01/06/education/big-study-links-good-teachers-to-lasting-gain.html (zuletzt abgerufen am 08.08.2017)

Mulgan, Geoff: Digital Commonwealth. The case for growing the new digital commons as commons, Nesta (nesta.org.uk) 30.11.2015

Mulgan, Geoff: New social contracts: How innovation in welfare will address changing needs and make use of new tools, Nesta (nesta.org.uk) 13.01.2016

Mulgan, Geoff: Thesis, antithesis and synthesis. A constructive direction for politics and policy after Brexit and Trump, Nesta NESTA (nesta.org.uk) 17.02.2017

Nesta und Tech City: Tech Nation 2016. Transforming UK industries, London 08.02.2016

Reise, Niels: Schweden will zurück zu mehr Gerechtigkeit, in: Spiegel Online, 28.04.2017, http://www.spiegel.de/wirtschaft/soziales/schweden-fuehrt-neuen-wohlstandsindex-ein-a-1144991.html (zuletzt abgerufen am 08.08.2017)

Thumfart, Johannes: Warum Populismus nicht die Ursache ist, in: Spiegel Online, 04.03.2017, http://www.spiegel.de/kultur/gesellschaft/niedergang-von-demokratien-warum-populismus-nicht-die-ursache-ist-a-1136016.html (zuletzt abgerufen am 08.08.2017)

Wolf, Martin: The economic origins of the populist surge, in: Financial Times, 28.06.2017, S. 9, https://www.ft.com/content/5557f806-5a75-11e7-9bc8-8055f264aa8b (zuletzt abgerufen am 08.08.2017)

Gesellschaft
besser machen

Mehr erfahren: www.koerber-stiftung.de
Mehr erleben: www.koerberforum.de
Mehr lesen: www.edition-koerber.de